如果你生活在古代

如何在史前生存

[西] 胡安·德·阿拉贡　著

墨墨　译

北京理工大学出版社

BEIJING INSTITUTE OF TECHNOLOGY PRESS

图书在版编目（ＣＩＰ）数据

如何在史前生存 / （西）胡安·德·阿拉贡著 ; 墨
墨译. -- 北京 : 北京理工大学出版社, 2024.5
（如果你生活在古代）
ISBN 978-7-5763-3650-4

Ⅰ . ①如… Ⅱ . ①胡… ②墨… Ⅲ . ①世界史 – 上古
史 – 通俗读物 Ⅳ . ①K11-49

中国国家版本馆CIP数据核字（2024）第046926号

Title of the original edition: **Como sobrevivir a la prehistoria**

© Text and illustrations: Juan de Aragón, 2022

Originally published in Spain by grupo edebé, 2022

This translation is published by arrangement with EDEBE EDUCACIÓN, S.L. through Rightol Media.

北京市版权局著作权合同登记号 图字：01-2024-0447

责任编辑: 李慧智　　文案编辑: 李慧智
责任校对: 王雅静　　责任印制: 李志强

出版发行 / 北京理工大学出版社有限责任公司
社　　址 / 北京市丰台区四合庄路 6 号
邮　　编 / 100070
电　　话 / （010）68944451（大众售后服务热线）
　　　　　　（010）68912824（大众售后服务热线）
网　　址 / http : //www.bitpress.com.cn

版 印 次 / 2024 年 5 月第 1 版第 1 次印刷
印　　刷 / 天津睿和印艺科技有限公司
开　　本 / 710 mm × 1000 mm　1/16
印　　张 / 27
字　　数 / 192 千字
定　　价 / 168.00 元（全3册）

历史侦探的生存指南

在创世之初，地球是一片未被探索的荒野，地球上生活着大大小小各种长有皮毛的动物，这里就像一座人类的游乐园！从人类出现在非洲的那一刻起，人类就开始进化，并在世界各地扩张，一路上都在经历着最疯狂的冒险。

没有比史前时代更快乐的时代了！

令人难以置信的是，早在第一批被称为"原始人"的人类出现在地球上之前，恐龙就已经**灭绝**了。你会感到困惑是正常的，因为史前是一个漫长的时期……持续了 **300 多万**年！

当然，在那漫长的时间里，人类不得不面对各种**危险**。想象一下：野兽、饥饿的穴居人、严寒、可怕的洞穴……而且他们没有医院、冰箱或暖气。难怪那时候很少有人能活得长久！

但不要害怕，我们是来帮助你的！多亏了这本**生存指南**，你将学会所有的技巧，让自己安全地生活在历史上最令人兴奋和最**可怕的**时代。

但如果它是历史的一部分，为什么被称为史前？

你最好小心点……让我们开始吧！

目 录

第一章
探索史前史

要想在史前时代幸存下来，最重要的就是要了解史前！如果不了解，你打算如何抵御当时面临的**威胁**？当然，这里有一个**窍门**：史前时代从第一批原始人出现开始，到创造文字结束，历经了**数百万年**，存在数百万种变化和数百万种不同的危险！

人类进化过程（400万~200万年前）

大约400万年前，非洲一些最聪明的猿开始进化成原始人。这是人类的种子！

300万年前   200万年前

中石器时代（公元前10000—公元前5000年）

旧石器时代和新石器时代之间的中间阶段，在这个阶段，智人（我们的物种）成为地球上唯一的原始人类。

公元前1万年

新石器时代

（公元前5000—公元前3000年）

人类停止迁徙，并定居在适合农业和畜牧业发展的小城镇，再也不用花一天的时间去远足了！

⚠️　最大的死亡原因：营地事故。

原始人是有能力用两条腿走路、用手做复杂的事情，并具有智力的灵长类动物，尽管他们的智力很低。

请注意，如果我们再增加几个阶段，应该会更好！

旧石器时代

（公元前 280 万年—公元前 1 万年）

在此期间，原始人不断进化为智人，也就是和我们一样的人！由于他们喜欢探索，并离开了非洲，所以开始在世界各地扩张。

⚠ 最大的死因：寒冷或饥饿。

| 100 万年前 | 50 万年前 |

前 5000 年　公元前 3000 年　公元前 1000 年

大约在这个时候，第一批著作出现了……但并非无处不在！

金属器时代

（公元前 3000 —公元前 1000 年）

大约在公元前 3000 年，许多文明已经开始冶炼金属了，但在地球的每个地方，开始的时间都不同。至此，各个文明各走各的路，所以他们不会同时进化！

⚠ 最大的死因：战争。

了解史前史

史前远比你想象的更复杂，对吧？毕竟，所谓的"进步"并**不是**所有人迟早都会走的路，他们有许多**不同的**发展道路！

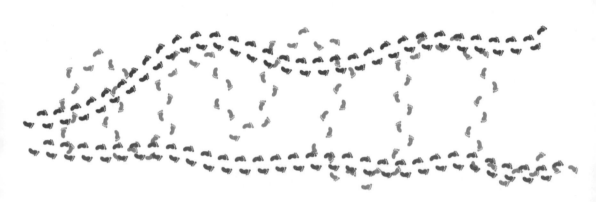

这也意味着很难猜测过去发生了什么，因为不同的时代和地区都有不同的规则。事实上，随着每一项新发现，专家的假设都会被**动摇**，并且会出现有关可能发生的事情的新推论。

意思是……我们必须学会从简单的假设中生存下来？好吧，真有趣。

这是史前最令人不安的事情：我们**不能**理所当然地认为我们所相信的就是真实发生过的事情。由于我们没有时光机，在史前也没有手机来记录你和尼安德特人的"洞穴挑战"，因此很难**确认**我们的推论是否正确。

现在你会说："当然，但所有历史时期都是这样，不是吗？"嗯，也并非如此！因为其他时代都有一些非常有用的**资源**，我们可以借以了解过去，这种资源我们已经提到过，而在史前时代，这种资源因其缺乏而引人注目……

你知道是什么吗？

A. 知道如何数到 10

B. 写作

C. 说话的能力

D. 用兽皮做衣服

这就是：**写作**！由于史前人类没有文字，所以他们没有留下任何文字来告诉我们那些年**发生了什么**。出于这个原因，我们只有一种了解史前史的方式：考古！

考 古 学

考古学包括对过去的骨骼、废墟和其他物质遗迹的研究。从事这项工作的人都是**考古学家**，他们是非常了不起的人，总是满身泥土，非常喜欢在阳光下工作。

考古学将遗迹发现分为两类。

手工制品：这些是人造物品，如矛头、金属器具或项链。

生态事实：它们是大自然的产物，如动物骨骼、种子或植物残骸。

这些遗址非常有考古价值，因此考古学家使用各种方法来寻找它们：从地面扫描到GPS搜索或卫星照片。

如果在探索中发现有趣的东西，他们就会进行**挖掘**，一层一层地去除泥土。不仅如此！他们所发现的一切都被绘制、拍照和保存，以便以后用来**研究**，从而获得所有可能的信息。

从一堆石头中可以获得什么信息呢？

你确定这会帮助我们生存吗？

矿藏的秘密

确实如此：找到一块燧石和遇到一座完整的旧石器时代**墓地**是不一样的。这完全取决于我们在每次挖掘中发现了什么，但我们几乎总能从考古遗迹中收集到非常有趣和**有用的**数据！

例如，如果我们发现了人骨，就可以知道死者属于哪种人，还可以知道他们的年龄、性别、习俗，甚至他们吃了什么或死因！

你生存的关键

所以，如果你知道是什么危险导致了死亡，那就可以避免它！

另外，如果这些骨头是属于动物的，那么我们除了知道它们的种类，还可以知道它们是如何被猎杀的，或者是什么工具切割了它们的肉。

你生存的关键

挖掘到的器具也有用处：通过详细的研究，我们可以知道它们是用什么材料制成的，它们的用途是什么，甚至是什么时候制造的。

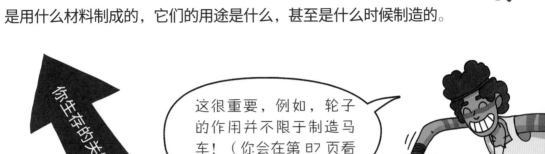

你生存的关键

这很重要，例如，轮子的作用并不限于制造马车！（你会在第 87 页看到！）

在地下挖掘数天后，考古学家会在科学期刊、书籍和会议上分享他们的**发现**。如果他们有空闲时间，可以帮助制作像你手中这样的手册。

多亏了这些数据，我们才能了解史前时代的生活是什么样的：他们如何生活、吃什么、遇到危险如何保护自己，或者他们是如何抵御寒冷的。而你，异时代人，只有知道这些才能**生存**！

所以，如果我生活在旧石器时代，可以用这个吗？还是这个直到新石器时代才发明？真是一团糟！

要了解这些，我们最好从头开始！

9

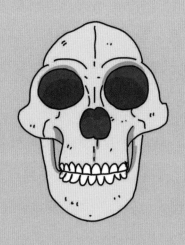

第二章
我们的祖先

◀ 我们从哪里来 ▶

几个世纪以来，有很多关于人类**起源**的理论。

　　根据古希腊人的说法，普罗米修斯用黏土创造了我们，然后雅典娜女神给了我们智慧。另外，印度人认为世界上第一个人类是摩奴，他是太阳神**苏利耶**和黎明云彩女神**乌莎斯**的儿子；他的名字是"思想"的意思。在中国的传说中，地球是由盘古这个巨大的神话人物的身体创造的，人类和其他世间万物都是由盘古的身躯部位和器官组织变化而成的。

　　但对某些人来说，最耳熟能详的传说是亚当和夏娃的故事，**亚当**是上帝"按照他的形象和肖像"创造的人类。

事实上，当 19 世纪的考古学家开始发现**骨头、化石和雕刻的石头**（你知道的，文物！）时，他们给它们贴上了"**大洪水**"时代的标签——在世界大洪水之前（是的，诺亚和他的方舟就是这时的传说）。

但随后发生了革命：一位名叫查尔斯·罗伯特·达尔文的科学家阐述了**进化论**，然后在他的《人类的由来及性选择》一书中将其应用于人类。该理论认为，物种一代又一代地通过**自然选择**改变它们的特征（进化！），只有适应的人才能生存！

这里有最好的生存技巧：适者生存！

这意味着人类不是由上帝**凭空创造**出来的，而是来自一个更早的物种，根据遗骸，这个物种与**猿类**有关。想象一下：我们的物种不是起源于神圣的上帝造人，而是起源于猿类！

达尔文不得不忍受许多批评和嘲笑。一些报纸甚至刊登了他的猿身漫画！

然而，种子已经播下，许多人想知道：如果人类的祖先是猿，那么这种转变是什么时候发生的？于是开始寻找**缺失的一环**：一个介于猿和人类之间的物种。但这多么天真！进化不像链条，而是像一棵树！

他们对这一问题如此痴迷，以至于有些人编造了一个虚假的缺失环节来寻求名声……或者一笑了之！

皮尔当人

人类的进化树

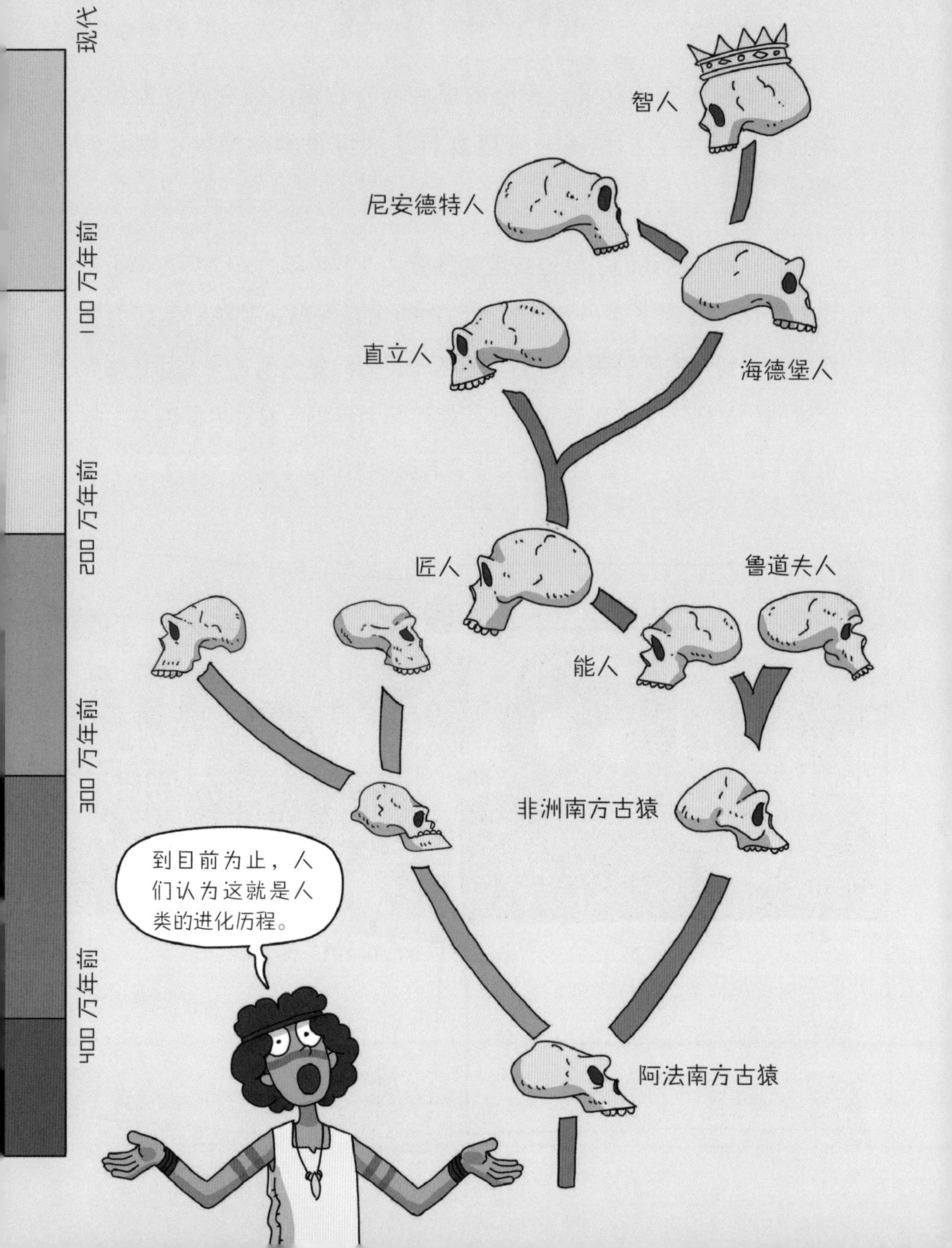

现代
100 万年前
200 万年前
300 万年前
400 万年前
智人
尼安德特人
海德堡人
直立人
匠人
鲁道夫人
能人
非洲南方古猿
阿法南方古猿
到目前为止，人们认为这就是人类的进化历程。

◀ 南方古猿 ▶

要追溯人类的起源，就必须提到南方古猿。你会问，为什么是它们？因为它们是第一批**直立**行走的灵长类动物！（据我们所知。）

这一发现对我们了解过去**至关重要**。1974 年，一个考古小组在埃塞俄比亚发现了这一批灵长类动物的化石残骸，并给它取名为露西。当看到它的膝盖**磨损**得多么厉害时，他们意识到它一生都是站着度过的！这是一个里程碑！因此，露西成为世界上最著名的南方古猿也就不足为奇了——她几乎就像一个有影响力的人！

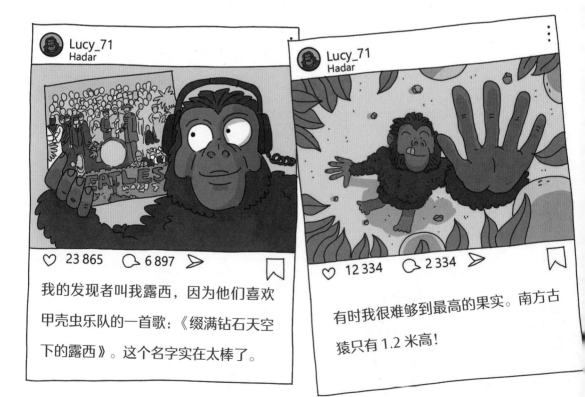

Lucy_71
Hadar

♡ 23 865   💬 6 897   ▷

我的发现者叫我露西，因为他们喜欢甲壳虫乐队的一首歌：《缀满钻石天空下的露西》。这个名字实在太棒了。

Lucy_71
Hadar

♡ 12 334   💬 2 334   ▷

有时我很难够到最高的果实。南方古猿只有 1.2 米高！

　　南方古猿是我们所知道的最古老的可以直立行走的灵长类动物。**400 万年前**，它们生活在非洲，并在那里繁衍了 300 万年。当然，在这段时间里，**南方古猿也分化出了不同种类**：最著名的是非洲种、阿法种和湖畔种，它们的遗骸出现在多个矿床中。

Lucy_71
Hadar

♥ 10 562　　💬 2 546

　今天是由块茎、叶子、香草和水果拌的沙拉。我最喜欢的一道菜！
（我唯一吃的，真的。）

Lucy_71
Hadar

♥ 9 567　　💬 1 098

他们刚刚给了我世界上最好的礼物：一根棍子！

@homohabilis 2：但是你不能用它做任何事情！不过至少可以把它削尖吧！

第一个人

随着时间的推移，一些南方古猿的大脑和身体的其他部分都**发生**了变化，以至于他们不再被认为是南方古猿。他们现在长高了很多，也聪明多了！这就是为什么我们说这些新生物是人类物种，或者换句话说：他们是第一批人类！

当然，他们还**不完全**像我们。事实上，专家们已经发现了很多不同的人，并将他们分为两类：能人和直立人。

能 人

他们生活在 230 万~180 万年前，分为两个主要物种：能人和鲁道夫人。第一个能人颌骨碎片是 20 世纪 60 年代由考古学家玛丽·利基在坦桑尼亚发现的，这是一个真正的发现！

18

他们有聪明的大脑

这是他们制造的工具

渐渐地，他们长得更高了！可以达到1~1.5米。

能人已经有很发达的大脑了，他们可以独立思考、规划和**制作**工具。这与南方古猿一点关系也没有！

多亏了这种新能力，他们学会了制造工具：用来敲击、切割和锯的石头（也称为砍刀或切割工具）。有了这些工具，他们便开始**打猎**了！现在他们不仅可以吃到蔬菜，还可以吃到小型哺乳动物。

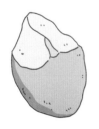

➤ 直立人 ◄

直立人生活在 190 万年前，由于他们的进化方式**不同**，因而可以分为四个物种：匠人、直立人、先驱人和海德堡人。

毫无疑问，最著名的直立人是"爪哇人"，这种爪哇人的遗骸于 1891 年由科学家尤金·杜巴斯在**印度尼西亚**发现。不，你没看错。这些遗骸在印度尼西亚，不过在南亚和欧洲也发现了直立人。据我们所知，他们是第一批**离开**非洲的人！

他们的身高跟我们差不多。

他们制作出了更复杂的工具。

他们用这双脚走遍了半个世界！

此外，他们的头脑很聪明，这让他们学会了很多令人难以置信的东西，如用**石头雕刻**而成的斧头、长矛和标枪。他们甚至可能把这些物品作为**祭品**送给死者，因为考古学家发现了很多装着骨头和工具的坟墓。注意：这不是编造的，这意味着他们有像我们一样向**死者**告别的仪式习俗。

　　如果没有火散发着光和热，你能生存下来吗？火就是我们祖先经过多年摸索而得到的。据我们所知，直立人是首先使用火的人类，因为最古老的营火遗迹是他们的。起初，他们只是让自然的火保持着不熄灭的状态，比如闪电产生的火，但后来他们学会了自己生火！

你可以用钻木取火或用打火石来生火，这两种方法在生火的过程中都会产生火花。你只需要用干草让火燃烧起来就可以了，但你要有很多耐心。

啪

尼安德特人

你肯定听说过尼安德特人，对吧？这是因为尼安德特人（穴居人）是一个**非常独特**的物种。他们不但属于不同的进化分支，而且被认为是**"另一种人类"**。这是因为他们与智人（我们的物种）共存了很长一段时间。当然，他们出现的时间要早得多，大约在公元前 40 万年！

乍一看，最符合逻辑的事情是尼安德特人会比我们更容易幸存下来，因为他们的身体看起来比我们**更强壮、更有抵抗力**。也许他们在智力方面也没有什么可羡慕我们的。毕竟，他们会举行**葬礼**仪式，给死者留下祭品，这意味着他们知道如何思考和想象死亡后的"来世"。他们也可能会画岩画和学习音乐，尽管这可能是智人**教**给他们的。我们不能确定的事情太多了！

颅骨容量甚至高于智人。

他的身体比我们的更宽、更结实。他们非常强壮！

羽毛、项链和油彩在周日的部落聚会上令他变得更酷。

哇，他们听起来很文明……

是的！但……你知道最重要的文明标志是什么吗？请看下一页！

23

骨折的历史

据说，在一次谈话中，一个学生问人类学家玛格丽特·米德……

在发现的遗骸中，哪一个是文明的第一个标志？

是陶器吗？工具？还是打猎的武器？

答案出乎学生的意料。

是骨折愈合后的股骨！

这意味着受伤的人在康复之前得到了某个人的治疗照顾……

还要喂他……

并帮他完成日常工作。

这在其他物种中是不会发生的。

的确！**互相照顾**，这是文明的第一个标志！尼安德特人将其付诸实践。人们在他们的遗骸中发现了**畸形**的成人尸体或受伤后愈合的骨骼。这是非常重要的——当部落里的人一出生就患有可能给他们带来麻烦的疾病时，他们会照顾他，这样他才能**生存**下来；当有人受伤或生病时，其他人会照顾他，直到他康复！

尼安德特人占领了欧洲和中东，尽管他们已经有很多能力，但他们在公元前 30000 年前后就**灭绝**了，原因尚不清楚。然而，事实上，他们并没有完全消失，因为许多尼安德特人与智人混居在一起，这意味着我们携带着他们的基因！

◀ 智人 ▶

你可能会觉得我们的祖先在历史上停留的时间很短，因为他们最终都消失了……其实我们在这里停留的**时间最短**！我们的物种智人在 20 万年前才出现在非洲，可能是从直立人开始的。相比之下，我们是新手！

然而，智人已经知道如何利用时间：我们迅速遍布全球，到达最**偏远**的地方，很快就统治了世界。但我们是如何做到这一点的呢？

早期的智人和他们的表兄弟尼安德特人差不多，已经有了复杂而抽象性的思维，但有一个根本的**区别**：智人更善于适应沿途遇到的挑战。这要归功于他们更强的**规划**能力，最重要的是，他们有更强的**发明**能力。

我们怎么知道这个？这是由于在当时的遗址中有不同的发现。例如，非常精致的**装饰品**（涉及伟大的雕刻技术，具有社会意义），部落之间有组织**暴力对抗**的证据，甚至有地图和日历！

由于没有纸，他们只好在石头上画地图。

就像纳瓦拉的阿邦茨岩石地图，它是世界上最古老的地图！

毫无疑问，作为智人，你的生活容易得多；但很明显，无论我们的祖先多么聪明，他们都不得不在一个没有自来水、电和食物的充满**敌意**的世界中挣扎求生。所以请幸存者**做好准备**：拿起你的长矛，选择一个时间，做所有你能想到的祈祷。现在是与你的祖先生活在一起并在史前时代生存下来的时候了！

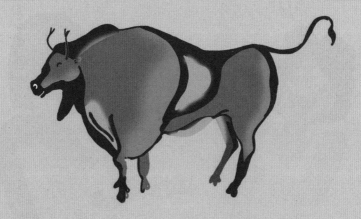

第三章

旧石器时代

欢迎来到旧石器时代

正如我们之前所说的，在这个漫长的阶段，不同的原始人物种演变成智人……但如果你是从现代来的呢？除了享受健康的食物和没有污染的空气外，也没什么其他可做的了，对吧？

错了！你真的有很多事情要做，因为有一项活动几乎会占用你所有的时间：**生存**。如果你仔细观察，就会发现无数的危险潜伏在你身边！这里就有四个，你能找到它们吗？

用石器时代的方式消除：
· 冰冻
· 喷发着岩浆
· 身背毒物
· 被人遗弃

一个寒冷而危险的世界

当你踏入旧石器时代时，你会立即意识到它的一个主要**威胁**：**太冷了**！

在大爆炸中，地球以火球的形式诞生，经历了不同的地质时期，**气候变化**非常剧烈，直到它成为一颗宜居星球。但在旧石器时代，它仍然非常不稳定：在这个被称为更新世的地质时期，地球经历了多达四次的**大冰川期**。这种极地气候带来了长年的冰川和持续不断的降雪，尽管南方的气候总是稍微干燥一些。

你能想象整个欧洲都被冻结了吗？如果我告诉你，你现在经常去的地中海地区，曾经是一个巨大的溜冰场呢？

如果你喜欢滑雪或滑冰……旧石器时代将是你的天堂！

巨型动物

如果没有危险生物，**极端**气候会是什么样子？无论你的耳朵有多冷，你最好还是露出耳朵仔细听。动物的胃肯定会比外面暖和，但你还是不想落入它的嘴里，对吧？

猛犸象：这头著名的长毛象可以用它的獠牙刺穿你。

乳齿象：它看起来像猛犸象，但乳齿更像另一种动物，不过它确实很暴躁！

巨型树懒：不要被它的名字所迷惑，在结束你的生命这件事上，它绝不会懒惰。

剑齿虎：洞穴之王，小心那些长而锋利的牙齿。

板齿犀：这种毛茸茸的犀牛有一个巨大而可怕的角！

探索

生活在旧石器时代的好处是，如果你所在的地方很冷，或者有危险的动物……你可以随时**离开**。啊哈，正如你所读到的那样：收拾你的东西，去找另一个家！

旧石器时代是**狩猎采集族群的社会**，也就是说，他们从不待在同一个地方。这是因为，作为觅食者，他们要采野果、打猎、捕鱼和捡拾贝类。

> 背包客！

> 我只是很好奇……指南针是什么时候发明的？

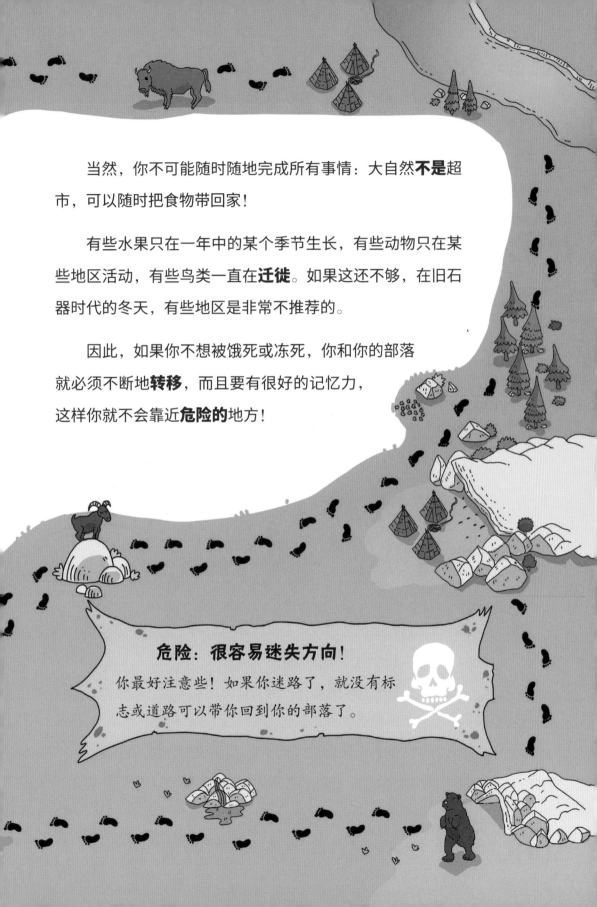

当然，你不可能随时随地完成所有事情：大自然**不是**超市，可以随时把食物带回家！

有些水果只在一年中的某个季节生长，有些动物只在某些地区活动，有些鸟类一直在**迁徙**。如果这还不够，在旧石器时代的冬天，有些地区是非常不推荐的。

因此，如果你不想被饿死或冻死，你和你的部落就必须不断地**转移**，而且要有很好的记忆力，这样你就不会靠近**危险的**地方！

危险：很容易迷失方向！

你最好注意些！如果你迷路了，就没有标志或道路可以带你回到你的部落了。

任务：寻找庇护所

生活在不断的迁徙中听起来可能很好，但当风很大、下冰雹，或者你必须**躲避**野兽的时候，事情会变得很**糟糕**。那你会怎么做呢？嗯？寻找洞穴？

好吧，没有什么比一个洞穴更好的了。但你确定这是个好主意吗？

危险：黑暗的洞！

洞穴是一个很黑暗的地方。如果你没有拿火把，你可能会永远消失在一个洞穴的深处！

事实上，当你需要的时候，并不是随时都有一个洞穴可用，所以最常见的住所是一个帐篷**营地**。

通常，帐篷是用木头和兽皮制成的，如果是手工做的，可能会用乳齿象或猛犸象的骨头。这听起来可能不够坚固，但对旧石器时代的人类来说很有用，因为他们建造了越来越**精致**的小屋，例如，铺设石板作为生火的基础。家居装饰的故事开始了！

◀ 旧石器时代的时尚 ▶

现在你有了带火的小屋，很暖和，不是吗？但要小心：你迟早要出去找食物。或者更糟的是：**想上厕所**。如果室外温度在**零摄氏度以下**，你将如何生存？

很明显，你需要衣服。问题是如何做到这一点？在旧石器时代，你也没有商场可去！好吧，方法不是为懒惰的人准备的：你必须**制作衣服**。为此，你需要我们祖先的一项伟大发明。你猜是哪一项？

A.针   B.缝纫机   C.松紧带

那套皮大衣和裤子是这次冰川求生的终极装备！

没错，你需要一根**针**！我们的祖先用精细的**兽骨**做针，用植物纤维制成线，学会了缝制兽皮。但是，在缝制之前，你必须把它鞣制，这样它才不会在你身上腐烂。否则，想象一下**瘟疫**！

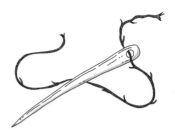

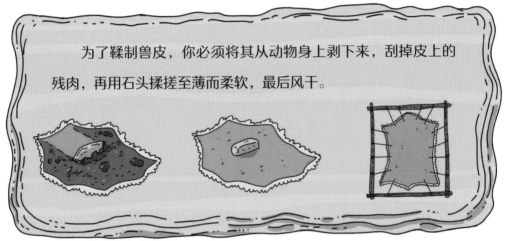

为了鞣制兽皮，你必须将其从动物身上剥下来，刮掉皮上的残肉，再用石头揉搓至薄而柔软，最后风干。

看看那些编织的纤维拖鞋，100%是植物产品！

对于最热的夏天，即超过 12 摄氏度的天气，没有什么比亚麻束腰的外衣更好了。

旧石器时代的技术

针既不是旧石器时代唯一的发明，也不是第一个发明；早期人类必须发挥最大的**想象力**来创造工具，使他们能够切割、刮擦或穿孔。如果你想生存下来，你需要很多这样的东西，你必须自己**制作**！

第一步是找到合适的材料。起初，他们使用的是石头，但后来有了一个伟大的发现：**燧石**（火石）。燧石是一种非常坚硬的石头，可以打磨出非常锋利的边缘。要获得它，你必须用一块石头敲打另一块石头，但不是以任何方式敲都行。

制作切割工具最简单的方法是敲击石头的尖端，从而获得锋利的边缘。这不会花费你很多力气！

但是，如果你想要制作更精致的工具，那么你必须使用**勒瓦娄哇的方法**：敲一块大石头，去掉没用的东西，直到达到所需的形状。这需要很长时间，但这是值得的！

后来，旧石器时代的人类将这些技术应用于其他材料，如骨头、动物的角或木材，这有助于制作出更**实用**的工具。多么古老的技术！

切碎工具：最简单、最原始的工具。有了这些工具，你可以切碎一块肉或水果。如果不小心的话，你的手也可能会受伤。

手斧：这种燧石工具被打磨得更好，用于刮削、切割和钻孔。小心你的手，这工具太短了！

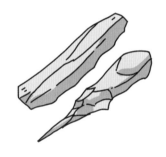

刮刀：用来刮动物的皮，并将肉和骨头分开。你终于可以穿上合适的服装了！

斧头：把锋利的石头绑到一根棍子上，这听起来很愚蠢。但如果它有效，那就去制作吧！

刀：这种火石刀片非常适合为你的烧烤切割一些好的牛排。

◀ 真渴 ▶

生存的关键是什么？答对了：**水**。如果没有水龙头，你将如何获得它？又到了必须深入了解自然，才不至于**死亡**的时候了。但要小心！一切都有它的诀窍。

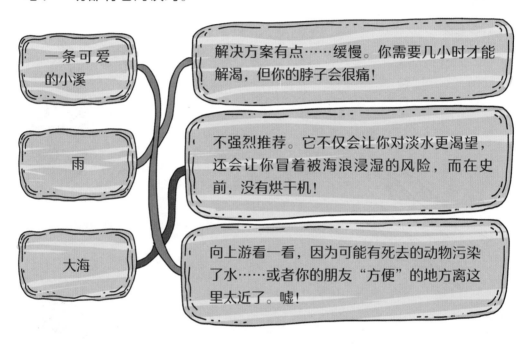

一条可爱的小溪	解决方案有点……缓慢。你需要几小时才能解渴，但你的脖子会很痛！
雨	不强烈推荐。它不仅会让你对淡水更渴望，还会让你冒着被海浪浸湿的风险，而在史前，没有烘干机！
大海	向上游看一看，因为可能有死去的动物污染了水……或者你的朋友"方便"的地方离这里太近了。嘘！

最好给自己做一个水壶，找到干净的水源就把水壶装满。为此，你需要一个葫芦或一个大型动物的**膀胱**。看你自己的选择！

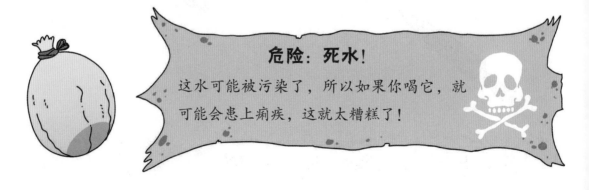

危险：死水！

这水可能被污染了，所以如果你喝它，就可能会患上痢疾，这就太糟糕了！

收集

你的肚子在叫吗？这是正常的，因为生物有需要食物的坏习惯。现在，你知道你可以从哪里得到食物吗？

答案就在你的脚下。**土地**可以为你提供很多食物：从可食用的根到块茎，如胡萝卜、萝卜、山药……如果你住在美洲，还有土豆。

但并不是所有的东西都在地下，因为**灌木丛**和**树**上到处都是野生水果和浆果：苹果、梨、葡萄、无花果、李子、核桃……如果幸运的话，你可能还会发现豆类、小麦、玉米和稻米。而且，在绝望的情况下，一些可食用的草药也能成为美味佳肴。当然，小心不要吃到有毒的蘑菇！

你是牛还是什么？

由于这些植物没有得到农民的照顾，它们的果实通常比我们今天所见到的要小。

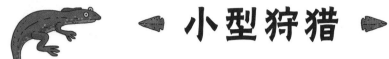

◄ 小型狩猎 ►

除了吃大地赠予的果实之外，最简单的充饥方法是……**吃虫子**，嗯，还有就是吃地上爬的所有生物。是的，这听起来很恶心，但在某些时候你可能别无选择，只能吃些蜗牛、蠕虫、幼虫或蚂蚁。鸟蛋是另一种选择，因为它们非常有营养，但当你**掏**鸟巢时，要注意它们的妈妈是否在附近。

我只是想给你一点零食……

当你对爬行动物如蛇和蜥蜴，或更大的动物如兔子、鸟类、老鼠、松鼠……充满渴望时，事情就变得复杂了。在这些情况下，是时候开动**脑筋**（因为有进化的大脑），设置**陷阱**或制造武器来捕获它们了。

44

大型狩猎

对较大的部落来说，幸运的是，北部到处都是猛犸象和驯鹿，而在温带地区，有鹿、野猪、山羊、大象和更多的**大型**动物。他们怎么会错过这种美味呢？只要捕获其中的一只，就可以养活整个部落好几天！此外，最重要的是，这些动物**全身上下**都是宝：皮毛、骨头、肌腱、器官，甚至鹿角！

骨髓是从骨头内部提取的，这是一种黏稠但很有营养的物质！

45

狩猎武器

旧石器时代的技术对于获得一些东西非常重要，由于他们对石头和其他材料的熟练掌握，第一批人类发明了狩猎**武器**！

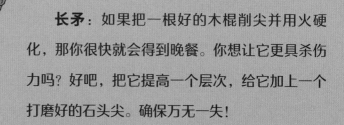

石头：一块简单的石头对小目标可能非常有效。但注意：如果我们用弹弓打出它，那杀伤力会大得多。

长矛：如果把一根好的木棍削尖并用火硬化，那你很快就会得到晚餐。你想让它更具杀伤力吗？好吧，把它提高一个层次，给它加上一个打磨好的石头尖。确保万无一失！

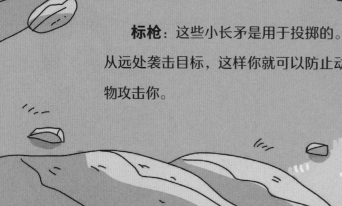

标枪：这些小长矛是用于投掷的。从远处袭击目标，这样你就可以防止动物攻击你。

推进器：为了让标枪飞得更远，他们使用了一种由木头或骨头制成的推进器。真是个发明家！

鱼叉：鱼叉是专门为捕鱼而设计的，因为它们的叉刺可以防止猎物逃跑。可以把叉刺放置在箭、标枪或长矛上。

弓箭：这是远距离杀伤的终极武器。箭头是用尖锐的骨头或石头制成的。

◄ 水下盛宴 ►

如果你去河边喝水，你可能会遇到不错的食物：一些鱼或其他动物，如螃蟹或青蛙。

如果你住在海边……菜单会**成倍增加**！海里有鱼、乌贼、章鱼和其他软体动物，其中许多动物生活在礁石中，所以你可以很容易地捕捉到它们。

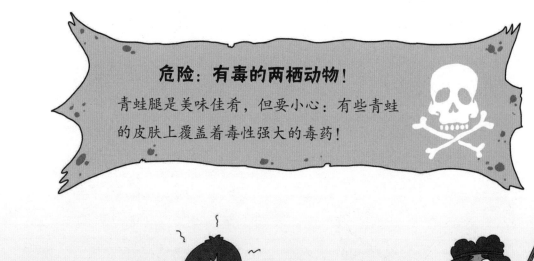

危险：有毒的两栖动物！

青蛙腿是美味佳肴，但要小心：有些青蛙的皮肤上覆盖着毒性强大的毒药！

为了捕捉这些动物，你可以使用长矛或鱼叉，不过你要有足够的耐心和坚定的目标……还要不怕**冻脚**。当然，你可以使用那种用骨头做成鱼钩的钓鱼竿，或者你也可以用植物纤维制作一张网，这样你就可以毫不费力地获得很多鱼。只有发挥你的**聪明才智**，你才会拥有足够的食物！

◀ 腐肉时间 ▶

尽管种类繁多，但每天寻找食物并非易事。出于这个原因，有时我们别无选择，只能利用其他**捕食者**的工作成果——吃腐肉。

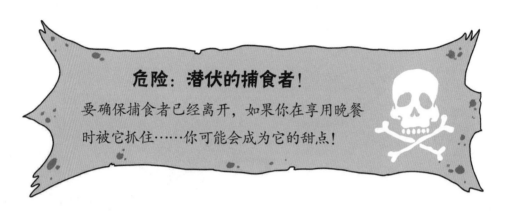

危险：潜伏的捕食者！

要确保捕食者已经离开，如果你在享用晚餐时被它抓住……你可能会成为它的甜点！

被捕食者吃了一半的动物可以食用，最棒的是危险的捕食工作已经完成了！当然，你也要注意一下肉的状态，如果有虫子，估计已经**腐烂**了，那么还是放弃吧。你一定不想自己生病，成为另一只动物的腐肉！

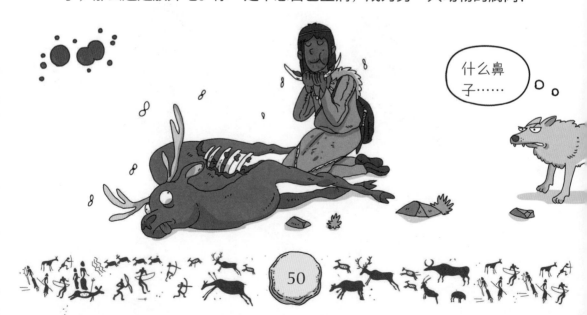

什么鼻子……

为什么不同类相食呢

同类相食，也就是**吃人**，在我们看来可能真的是无稽之谈。但是，在旧石器时代，甚至在新石器时代的部分地区，这种现象并不罕见。

我们是怎么知道的呢？这是因为沉积物中的人类遗骸显示出了**剥蚀**的迹象（他们的皮肤被剥掉了）。

你将永远和我在一起！

◄ 所有人都在部落里 ►

你会认为你可能**独自**经历这些危险，对吧？做一只孤狼，这听起来很威猛……但在史前时代并**不**值得推荐，因为你的同伴对于捕猎猛犸象或在受伤时治愈你是**不可或缺**的，所以你最好找一个部落！

旧石器时代的部落**并不都是人人平等的**，因为每个部落都以自己的生存方式在世界各地发展，所以我们将它们分为两类：平等主义和等级主义。

　　在**平等**社会中，部落的所有成员都具有相同的价值，他们的意见也同样重要。此外，他们会共享食物和资源，因此没有人会缺少东西。

　　在**等级**社会中，存在一定程度的不平等，因为有些成员由于我们所不知道的一些优点而获得了领导者的地位。我们是怎么知道的？跳到第 59 页，你就会发现！

➤ 社交就是生活 ◄

尽管没有社交网络或咖啡馆可以聊天，但是他们**喜欢**社交。不仅是和自己部落的人，还和陌生人交往！

据说，不同的旧石器时代部落聚集在**圣址**，例如，坎塔布里亚的阿尔塔米拉洞穴。这些聚会可能发生在一年中的特定时间，举行仪式是完美的借口。在这些仪式上，你可以结交很多新朋友，交换食物和商品。也就是说：这是一场盛大的聚会！

　　在这些场合，一个部落将另一个部落的成员纳入其中是很常见的。这种现象被称为**聚合**。如果爱情偶然出现，那么它在为后代带来**新鲜血液**方面非常有用，因为与近亲一起生育后代可能会使种族延续产生问题。

　　此外，每个人都知道联盟是强大的。因此，当两个部落处于低谷时，他们就会**合并**，瞧！现在他们立于不败之地！

神奇的时刻

在旧石器时代生存虽然需要付出很大的努力，但早期的人类总是有精力考虑自己周围环境的**问题**。他们不明白的事情太多了……为什么会下雨？树木从哪里来？请记住，在这个时代，除了围坐在篝火旁的聚会之外，没有学校或学习任何东西的地方。

因为没有确凿的证据，所以我们不能确定地说太多，但旧石器时代的人被认为是**万物有灵论者**。他们认为每件物体、每个动物、每株植物和每一自然现象都有自己的**精神**，就像他们自己一样。这是有道理的，不是吗？此外，他们可能认为**祖先**的灵魂可以作为自己与自然之间的媒介。

他们也相信**魔法**，但要注意！不是用大礼帽变出兔子的那种，也不是在霍格沃茨教的那种。早期的人类认为，一种特定的行为可能会引发非常严重的后果。例如，一些文化观点认为**死亡**本身并不存在，而是由其他人通过魔法引起的！

巫 师

旧石器时代的部落里通常都有一名巫师。这些人致力于通过神奇的仪式与灵魂产生联系。为此，他们通过重复的音乐、舞蹈和不推荐的魔法进入和神灵交流的状态。

嗯，所以在旧石器时代已经有音乐了……

哇啦……

另一个世界

虽然旧石器时代的部落是最大的幸存者，但每个人都有面对死亡的时刻。问题是：其他人是如何面对这种**死亡**的？

很难回答这个问题，因为不是所有的部落共用同一种葬礼仪式；毕竟，这些仪式取决于不同的信仰。但有一点几乎是所有人都认同的：对他们来说，死者不仅仅是**一具没有生命的尸体**。

这就是为什么有些**纪念**死者的仪式与今天的葬礼仪式非常相似：他们要么焚烧死者，要么在其他人的陪伴下埋葬死者。但也有更**令人毛骨悚然**的习俗，比如说，有些部落将尸体留在特定的地方，以便被鸟类**吃掉**；或者更糟糕的是，在仪式中自己**吃掉**死者！

嘿，我没死！

给来世的礼物

旧石器时代的墓葬还有另一个有趣的组成部分：**陪葬品**。许多考古发现显示，坟墓里装满了留给死者的礼物，如食物、他们非常喜欢的物品、狩猎武器……

这给了我们一条线索，知道这个特定部落是奉行平等主义还是等级主义。怎样判定呢？这很容易：有些地方的墓葬有**类似**的随葬品，这表明他们在死亡时都获得了类似的荣誉。

然而，在其他地区，有些墓葬的陪葬品比周围的其他墓葬更丰富。也就是说，这个人在部落内，比其他人更**重要**。因此，可以假定后者是一个等级部落。陪葬物品越丰富，埋葬在里面的人物就越重要！

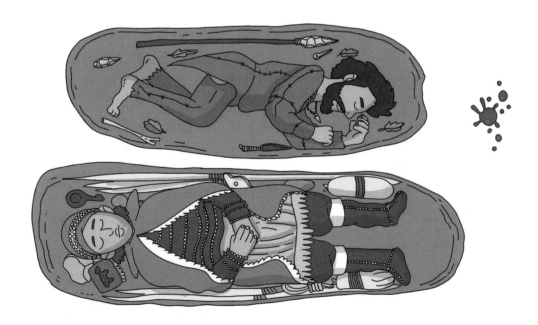

旧石器时代的艺术

当你听到艺术时，你可能会想到数百米长的博物馆里摆满了稀有的画作，对吧？在史前时代，没有类似的展馆，但这并不意味着没有艺术！

> 艺术是人类产生的任何创造性表现形式。

这也是艺术！

一只猪的画创作于4000年前！

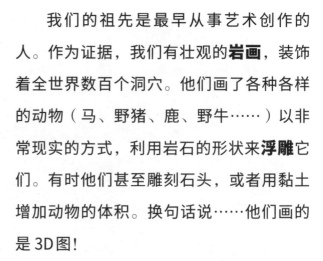

我们的祖先是最早从事艺术创作的人。作为证据，我们有壮观的**岩画**，装饰着全世界数百个洞穴。他们画了各种各样的动物（马、野猪、鹿、野牛……）以非常现实的方式，利用岩石的形状来**浮雕**它们。有时他们甚至雕刻石头，或者用黏土增加动物的体积。换句话说……他们画的是3D图！

当然，在旧石器时代，他们没有铅笔或墨水。出于这个原因，艺术家们使用的是由矿物质制成的**混合物**！将手指甚至是整只手放在墙上，把油漆吹到上面，把他们的手印留在岩石上！是不是很棒？

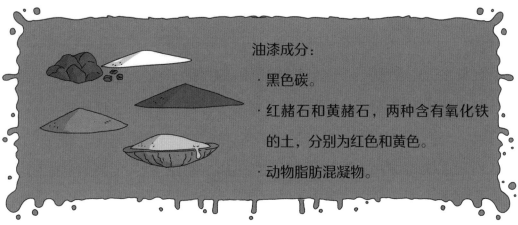

油漆成分：

· 黑色碳。

· 红赭石和黄赭石，两种含有氧化铁的土，分别为红色和黄色。

· 动物脂肪混凝物。

没有人说艺术必须整洁干净！

我们不太清楚的是这些画作的**用途**。这些洞穴曾经举办某种仪式，这可能是一条线索。一些人认为它们可能与万物有灵论有关，另一些人认为它们被用于促进狩猎的魔法仪式……但这些说法没有被认可！也许我们永远不会知道答案了。

阿尔塔米拉洞穴
（坎塔布里亚的桑蒂利亚纳·德耳马尔）

一个伟大的发现

　　1868 年，一个名叫莫德斯托·库比拉斯的当地人发现了阿尔塔米拉洞穴，当时他的狗被困在那里。莫德斯托将这个洞穴告诉了马塞利诺·桑兹·德·索图拉，一个对史前研究非常感兴趣的富人，但他并不重视，几年后才去探索。起初他没有看到任何有趣的东西，但在第二次探索时，他带着年幼的女儿玛丽亚来了。当女儿玛丽亚溜进一个小洞口时，他们发现了这些令人印象深刻的画作。他们是几千年来最早看到这些岩画的人！

岩画

在洞穴的顶上有几十幅画得非常逼真的图画：从动物，如野牛、马或鹿，到手的形状以及其他我们无法解释的符号。

谁画的

我们真的不知道这些是谁的画作，但它们似乎是一个人的作品，因为所有人物的风格几乎是相同的；此外，这个人被认为是一名女性，因为手的形状和大小与女性的手相匹配。她一定在洞穴里待了好几天！

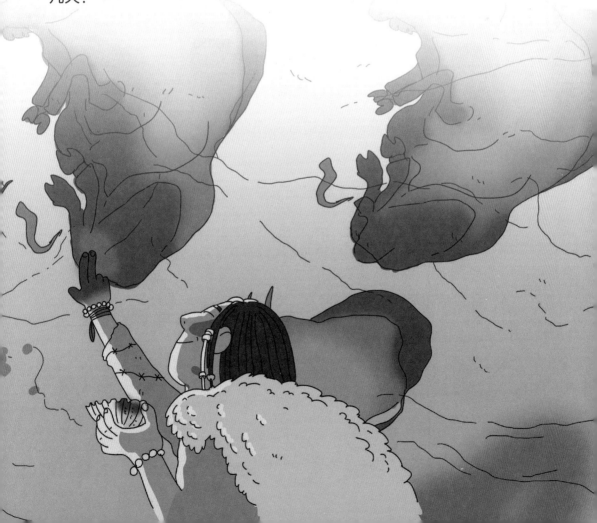

雕刻成形

旧石器时代的雕塑和珠宝，已经迈出了第一步。毕竟，史前人类花了很多时间雕刻和塑造石头及其他艺术品。他们的雕刻技巧看起来如此熟练……是什么促使他们制作装饰品和小雕塑？

在许多旧石器时代的遗址中都发现了吊坠和串珠项链。即使最早的人类也喜欢装饰自己，因为他们用一切东西来制作吊坠和串珠项链，无论是石头、骨头，还是从海里捞出来的贝壳。

我们不知道，它们的作用只是炫耀和装饰，还是具有某种社会或宗教意义。

64

➤ 旧石器时代神秘的维纳斯 ◀

你肯定见过这些雕像，这就是著名的旧石器时代的维纳斯。专家之所以这样称呼它们，是因为它们代表了女性的身体，具有非常夸张的女性属性，并认为它们可能与生育仪式有关（因此称它们为维纳斯。事实上，这距离维纳斯女神被创造出来还有好几个世纪的时间）。

然而，考古学的新理论层出不穷，这一切很快就被抛在后面！最近的一个理论提供了一种更简单的解释：这些人物实际上是女性试图雕刻**自己身体**的作品。由于没有地方可以看到自己的身体，她们只能从上面往下看自己，因此变形了！所以，它不一定与生育有关，而只是一种女性照镜子和自我认识的方式！

第四章

新石器时代

欢迎来到新石器时代

智人现在是地球上唯一的原始人种，可以说……我们是世界之王！此外，许多地区的严寒已经消失，气候变得更加舒适。太好了！还活着！

但你不要觉得这就胜利了。这些气候变化带来了新的动植物群，似乎这还不够，村庄的生活开始变得复杂……所以你仍然需要面对许多新石器时代的**威胁**，甚至这将危及你的生命。这里有四种威胁，你看到了吗？不要放松警惕！

新石器时代的危险

· 佩戴首饰

· 毒蛇

· 冰雹

· 发怒的公牛

◀ 气候变化 ▶

大约 1 万年前，地球的气候开始了另一场重大转变：经过数千年的冰川作用，气温开始慢慢上升，缓解了更新世的极端寒冷。换句话说，气候正在稳定！这是全新世的开始，也就是我们现在所处的地质时期。

由于气温上升，冰川的冰不仅变成了我们今天所知的海洋和湖泊，还上升到云层中，然后以雨的形式落在整个地球上。这使得一些以前非常干燥的地区充满了植物和动物。现在地球上充满了生命！

定居的人类

由于天气不再那么寒冷，人类部落发现他们不需要经常移动。在这样的条件下，他们周围有很多动物。此外，他们还发现如果种下种子，并等待一段时间，植物就会从土壤中发芽，不断长大，直到获得食物。那么他们想做什么呢？嗯，永远待在那里！也就是说：他们要**长期居住**！

◄ 培育 ►

毫无疑问，新石器时代的关键之一是农业。但它是如何产生的？有人吐了一粒种子，一株植物就发芽了吗？

事实是，我们不知道（尽管相信这样会很有趣）。我们所知道的是，大约在公元前 8500 年，来自东方的人类开始耕种，渐渐地，这种做法传播到了世界其他地方。

跟风！

这些新手农民开始时在**小块土地**上种植，随着时间的推移，他们学会了**选择**最好的种子，即最大和最美味的水果的种子。毕竟，如果梨树给你一个巨大的梨和一个小个儿的梨，那你更喜欢哪个？

多亏了这种方法，他们获得了越来越多的收成，以至于（注意，因为你会被吓到）他们不仅有足够的食物，而且还有剩余！他们生产了这么多，可以储存好几年！这是一种生存技巧！

从那时起，种植不同植物的**种植园**应运而生：小麦、黑麦、水稻、扁豆、大麦、玉米……以及许多野生水果。有些人类以前就认识，但有些是全新的。现在你有了一份内容更丰富的菜单！

危险：天气游戏！
现在天气没那么冷了，但霜冻或干旱可能会导致绝收。你永远不会免于饥饿！

驯养动物

也许人类对培育出植物感到很兴奋，他们也想驯养动物。想一想：**谁会想到**把一只长着角的大动物带回家，不管它看起来多么温驯，多么能产奶？

嗯，这对某些人来说一定是个好主意，因为这也是新石器时代的人在**畜牧业**中首次亮相。而且，公平地说，他们的行动是惊人的：照顾这些小动物可以换取肉、奶、蛋、皮或毛，这真是件便宜事儿！

当他们发现这些动物可以用来运送东西甚至人的时候……人类发现了另外一件事：偷懒！

新石器时代的动物与今天不同。就像蔬菜一样，史前人类选择了其中的一些来驯化，而且，由于几十年来它们只在彼此之间繁殖，最终出现了不同的动物！

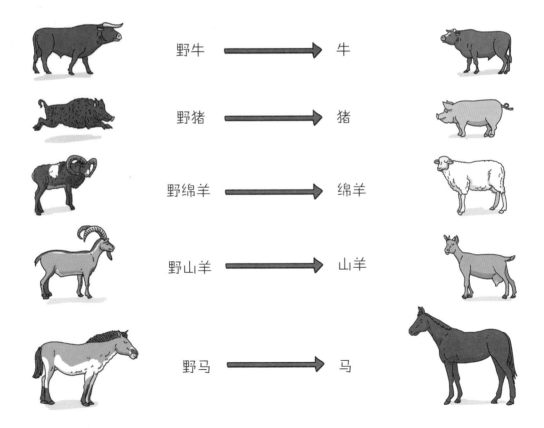

◄ 吃饭 ►

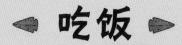

你还记得人类不得不在石头下寻找食物的时候吗？当你不得不外出寻找食物时，你是否希望能拖着受伤的腿带回一只兔子，或者冒着生命危险狩猎一头猛犸象？

新石器时代的餐厅

主菜

肉：需要一些蛋白质？没问题！你家附近肯定有牛、山羊、绵羊、鸡或猪。

鱼：捕鱼技术已经有所发展，并且已经制造出更大、更结实的渔网，可以捕获更多的鱼。

饮料

啤酒：谷物的多种用途之一！啤酒是新石器时代的发明，尽管它比人们现在喝的浓汤更像浓汤。

葡萄酒：早在公元前 7000 年，人们就开始种植葡萄，用葡萄酿制葡萄酒。

哦，你还太年轻了，可能不了解，因为现在你**不用离开村庄**就能得到食物。由于农作物和牲畜，新石器时代的菜单与旧石器时代的菜单相比发生了很大**变化**。这些取决于你住在哪里，因为每个地方都有自己的动植物种类。快来一探究竟吧！

新石器时代的餐厅

牛奶：哺乳动物的好处是它们会为后代产奶，我们也可以利用它！毕竟，牛奶含有丰富的营养，非常适合做早餐。巧克力饼干当时还不存在。

食物搭配

奶酪：当然，如果你有牛奶，就会有奶酪。奶酪可能是偶然发明出来的。一定是有人让大量的牛奶发酵（腐烂），一些勇敢（或饥饿）的人尝试了它，而且发现味道并没有那么糟糕。不然没有奶酪，我们现在该怎么办？

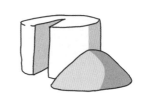

面包：它不像今天的面包，但早在新石器时代，人们就用小麦粉（面粉）制作了一种扁平面包。

◀ 新石器时代的村庄 ▶

现在人类已经**定居**下来，部落开始集中在小村庄，这些村庄逐渐变得更大。

然而，在一个地方停留一段时间并不意味着他们会**永远**留在那里：当土壤**养分耗尽**，不再结出足够多的果实时，他们就离开了。

如果不加以照顾，地球也会感到疲倦！

即便如此，他们的想法也一直是定居，所以现在有更多的时间用于建设。起初，他们在庄稼地旁边建造木屋，随着时间的推移，他们建造了更加**坚固**的房屋。现在他们必须定居很多年！

由稻草、泥土和柳条搭建的小屋

木屋

材料更新为木材！

储存谷物的筒仓

你要从屋顶进入这所房子！

窗户

土坯房

新石器时代的村庄逐渐呈现出城镇的样子。村庄内不仅有房屋，还有其他类型的建筑物，是为不同的用途而设计的。当然，还有**防御墙**。毕竟，危险还是很多的！

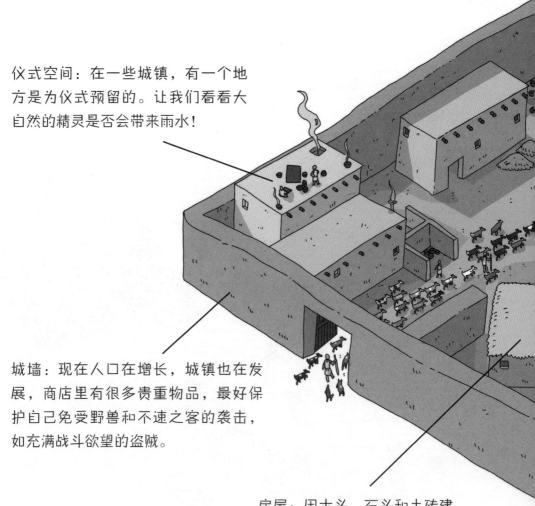

仪式空间：在一些城镇，有一个地方是为仪式预留的。让我们看看大自然的精灵是否会带来雨水！

城墙：现在人口在增长，城镇也在发展，商店里有很多贵重物品，最好保护自己免受野兽和不速之客的袭击，如充满战斗欲望的盗贼。

房屋：用木头、石头和土砖建造，更加坚固耐用。

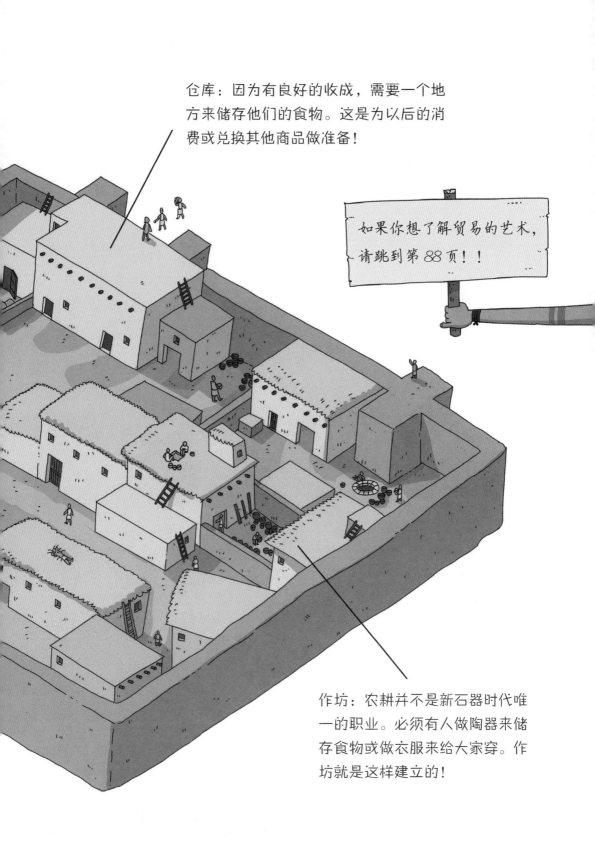

仓库：因为有良好的收成，需要一个地方来储存他们的食物。这是为以后的消费或兑换其他商品做准备！

如果你想了解贸易的艺术，请跳到第88页！！

作坊：农耕并不是新石器时代唯一的职业。必须有人做陶器来储存食物或做衣服来给大家穿。作坊就是这样建立的！

◄ 那是我的 ►

在新石器时代，几乎所有东西都具有优势，但要小心！新的危险**潜伏**在人类身边，特别是在社会层面。

起初，每个人都在为**整个村庄的利益**而工作。然而，农业、畜牧业和手工业的出现使工作变得专业化：现在人们几乎一生都**致力于**一项特定的任务，这使他们能够在工作中获得大量的专业知识……并且他们个人也重视自己的工作。

正因为如此，新石器时代的人类开始认为，他们的劳动成果是属于**自己的**，尽管它们被储存在公共仓库里。换句话说，"私有财产"的概念出现了！

但这还不是全部：新石器时代的人类已经不满足于自己的**财产**，开始想要占有越来越多的东西，无论是出于**贪婪**还是出于需要。当然，也有一些人只想保留自己的东西。

因此，争夺领土或资源的人群之间发生了越来越多的武装冲突。这就是人类面临的问题之一：战争。

第一个不平等

很明显，在新石器时代的村庄里，并非所有人都是平等的。那个时代的墓葬告诉我们，有些人拥有比其他人更多的财富。不过，这不再是小范围的差异化，现在它变得更加普遍：人们首次注意到不平等的出现。但是为什么会这样呢？

正如我们已经说过的，在旧石器时代，部落的所有成员或多或少都做着同样的事情：打猎、捕鱼、制作暖和的衣服……因此，他们在部落中都受到**平等的对待**。

但是在新石器时代，每个人都开始专心致志地完成一项任务。不过，并不是所有人都被认为对这个群体同样重要。因此，他们将逐步建立起比其他人**更有价值**的社会群体，并开始积累资源和**权力**。

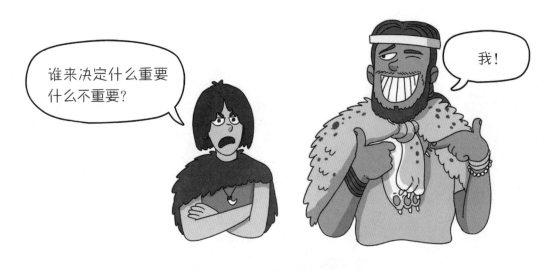

谁来决定什么重要什么不重要？

我！

酋长：起初他们是由部落成员根据他们的功绩（取得了一些成就）推选出的，但随着时间的推移，他们开始积累起更多的财富和权力……直到成为贵族。

战士和祭司：他们还没有形成一个分化良好的社会群体，但在新石器时代后期，他们已经开始拥有自己的身份。

工匠：这些是制作复杂事物的成员：陶工、织布工、编织工……他们在社会层面非常重要，因为很少有人能完成这些任务。

农民：大多数人都从事畜牧业、农业或渔业。有很多张嘴要喂！

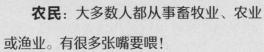

但是，农民生产的是粮食这样重要的东西，为什么他们是排在最后的呢？

伟大的发明

不用花那么多时间逃离**剑齿虎**威胁的好处是，你可以专注于你的任务，并在必要时发明更好的方法来利用它。对于某些事情，我们正处于**专业化**的时代！在新石器时代，许多发明是为了改善人们的生活质量而设计的。看一看！

工具：与旧石器时代相同的工具仍在使用，但新石器时代也发明了一些新工具，如收割小麦的镰刀或制造面粉的手工磨盘。许多是抛光技术的结果，通过这种技术可以获得更耐用的刀刃。

织布机：这可能是世界上最具革命性的发明之一。多亏了织布机，利用亚麻和羊毛等天然纤维织物，现在可以生产出更高质量、更舒适的衣服。再也没有理由不时尚了！

陶瓷：新石器时代的人类发现了容器的好处。因此，他们先学会了将几个黏土环连接起来，制作出各种形状和大小的碗、杯子和瓶子，然后把它们放在烤炉里烤。就这样，历史上第一个"特百惠"就问世了！

篮子：他们还有很多东西要储存，这就产生了复杂的编织技术。他们不仅制作篮子，还制作其他有用的物品，如凉鞋。怎么做？非常简单：编织柳条、芦苇、黑麦秸秆，甚至……人的头发等纤维！

轮子：如果没有轮子，我们的生活会是什么样子？它是在公元前3500年前后发明的。但是要注意！起初，它不是用来制造马车的，而是用来制造陶器车床和手工谷物磨盘的！

◄ 贸易的艺术 ►

想象一下，你有剩余的粮食，但你的鞋子坏了。如果你没有鞋店，也没有家人分享粮食，那你能做什么？很简单：你可以去找专门从事手工业生产的工匠，用剩下的粮食换一双新凉鞋！

随着部落开始有多余的食物、衣服和其他产品，**贸易**就出现了：两个人之间用一件物品或服务交换另一件物品或服务。但是要小心，不要被骗了！

然而，可以肯定的是，没有一个村庄会有生活所需的**全部**商品，因此，贸易的习俗导致不同的人**前往**其他村庄，从那里带回他们需要的东西。这是与陌生人的和平接触！旅行者不仅带来了新产品，还带来了**其他地区的文化、思想和习俗**。这就是财富！

地球母亲

与旧石器时代一样，我们很难确定新石器时代人的**信仰**是什么，但幸运的是，考古学为我们提供了一些重要线索。

作为孕育和创造生命的象征，人们似乎对**自然**和**地球**母亲有一定的崇拜。你仔细想想，这是非常有意义的。毕竟，土地为人们提供了生计，农作物和动物为人们提供了食物和保护。

回到肚子里

在新石器时代，当一个人去世时，最常见的做法是将其**埋入地穴**，也就是说，把他和一些物品一起埋葬，作为陪葬品。但最引人注目的是，他们曾经把死者摆成**胎儿的姿势**，面向地面，因为这样就像回到了地球母亲的子宫！

多亏了仍然保存下来的村庄的遗迹，我们才能知道这些墓葬曾经在**哪里**……而事实是，被埋在什么地方的都有。有时，死者被埋葬在村庄外的真正墓地，即墓园；有时，在死者家附近；有时，甚至就埋在家里的地板下。

仪式建筑

新石器时代的人也有自己的信仰和仪式，但在山洞里庆祝是很**老套**的！

你以为我是旧石器时代的穴居人吗？

因此，他们决定自己创造**圣地**。正如你所读到的！他们根据空间的类型使用不同的风格，但有时也会建造令人印象深刻的石头**建筑**，如土耳其的哥贝克力石阵，它也是古老的建筑之一！

唔！

跳至第 94 页，了解关于哥贝克力石阵和其他巨石作品的更多信息！

然而，并不是所有的东西都会被堆成**巨石**。新石器时代的人类也建造了一些较小的仪式场所。通常，他们有一座精心设计的建筑，并用自然图案装饰，主要是动物图案。

这些建筑的遗址仍然存在，特别是在中东。那里可以容纳整个村庄的人，例如，土耳其的**恰塔霍裕克**遗址。在那里，有一间巨大的厅，装饰着牛头和母亲女神的雕像，人们向她献上祭品，以祈求获得丰收和温和的气候。这真是太棒了！

巨石文化

也许一开始，这个词听起来有点奇怪。但如果我们告诉你巨石的意思是"大石头"，你就知道是什么意思了，对吧？答对了：新石器时代的人经常用巨大的**岩石**来标记他们的圣地。然而，并不是每个人都是平等的，每个人都有自己的角色。一起来看看吧！

门希尔式石柱是一块巨大的细长石头，插在地上。我们不太清楚它的功能，据说它可以用来标记坟墓，因为在它的脚下发现了许多坟墓。它们遍布世界各地。

环形巨石阵是一组排成一条直线或一个圆圈的竖石柱。墓碑？仪式场所？天文观测台？具体是什么，我们也不知道。

石碑看起来像门希尔式石柱，但又不一样！虽然它是一块巨大的石头，但石碑上总是雕刻着更多的细节和符号。世界各地都有它们的存在，每一个都有自己的地域性装饰。

多尔门式石台是一组桌子形状的石头。有时，在建造之后，它会被推倒在地上，形成一种古墓。它可能具有丧葬功能，因为在里面发现了人类遗骸，同时它也可以用来举行宗教仪式，甚至标记领土。它们分布在欧洲、非洲和亚洲，但大部分集中在韩国。

哥贝克力石阵（土耳其尚勒乌尔法）

这个巨大的巨石建筑群是我们所知道的最古老的避难所：它已有 11000 年的历史！它展示了新石器时代最受欢迎的装饰：雕刻有浮雕和岩画的巨石。

从现实到示意图

正如你所看到的，新石器时代是一个创新的时代，史前艺术也没有落后。正是在这一时期的某个时候，洞穴壁画发生了实质性的变化：它们变成了**示意图**。

但我们怎么知道这些具体是哪个**时代**的呢？因为专家们知道如何通过**碳-14**等化学测试方法来确定洞穴壁画的年代，并且幸运的是，许多新石器时代的壁画几乎**完好无损**地保存了下来。多么幸运！

虽然在旧石器时代，人物以写实的方式描绘，但在新石器时代，艺术家们开始简化人物（动物、狩猎或庄稼的场景）的表现方式，使它们看起来几乎就像符号一样……为什么会这样？

也许他们想节省时间……或者也许这是一个**重大事件**的开始。因为人们还发现了几何图案的图画，这些图画显然不是模仿真实的图像，而是代表了一个**想法**。这是一场革命的萌芽。猜猜这是怎么回事？确切地说，这些是后来写作的基础。

让我出去！

黎凡特美术

在伊比利亚半岛东部，从莱里达到阿尔梅里亚，有一种被称为黎凡特绘画的艺术遗迹。这些画作的有趣之处不仅在于它们的黑色和红色，还在于它们表现人物的方式，无论是狩猎、日常生活、战斗还是跳舞，描绘的都是动态场景！这意味着9000年前已经有舞会和宴会。这些新石器时代的人玩得多么开心啊！

◀ 早期版画 ▶

你想画画，但你没有颜料，别担心！如果你想创作**艺术**，你所需要的只是一块表面光滑的岩石和一件锋利的工具，并尽情发挥你的想象力！

随着时间的推移，人们发现许多场景或符号被雕刻在石头上：这些是**岩画**，是新石器时代另一种伟大的艺术表现形式。它们可以通过用石头的尖端刮擦岩石表面来制作，但是好的技术需要更多的**耐心**：它包括用一块石头敲打另一块石头来凿出图形，就像锤子和凿子一样。这需要一点儿时间，但你的作品将永远保留下去！

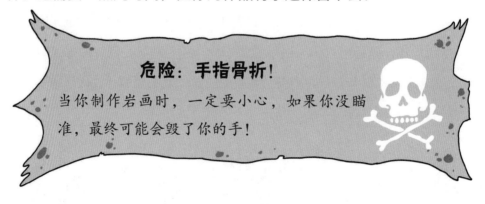

危险：手指骨折！

当你制作岩画时，一定要小心，如果你没瞄准，最终可能会毁了你的手！

有很多设计！看看最新的流行趋势。

动物画：这是岩石艺术的经典，永远不会让人失望。

人物画：新石器时代的最新时尚。你知道，越简洁越好！

抽象图形：如果你喜欢实验，你可以画点、线和各种符号（这是写作的一个非常重要的步骤，还记得吗？）。而且，如果你想让你的朋友疯狂，也可以画一个螺旋的形状！

现在我的巨石更漂亮了！

装饰品、偶像和更多的绘画

装饰的风格在新石器时代也没有消失。更重要的是，现在他们有更多的资源，在他们面前呈现出各种各样的可能性！

金粉，给它上金粉！

但金粉还不存在！

陶器：这些作品很简单，但工匠们用贝壳做了非常精致的设计，用线条和花纹雕饰新鲜的黏土。多么巧妙的设计！

珠子项链：这是旧石器时代的经典之作，只是现在，由于新石器时代的贸易，他们可以创造出更多的设计，例如，使用从遥远的地方带来的华丽宝石。

装饰画：只有岩石画流传至今，但很可能许多其他的东西都是用红、黄、黑的颜色装饰的，甚至身体！

➤ 新石器时代的偶像 ◄

与过去一样，在这个时代，人类也被赋予制作石头或黏土的小雕塑的天赋，尽管现在有更多种类！

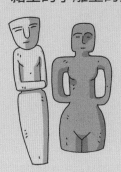

拟人化：这些偶像具有人的形状，无论是男性还是女性，据说他们可能与生育有关。在史前时期把孩子们抚养长大是多么困难啊！

眼睛：这些石柱或骨头圆柱上装饰着一双大眼睛，周围环绕着斑纹。人们认为它们可能是家族和祖先的一种代表。它们在今天的西班牙和葡萄牙很常见。

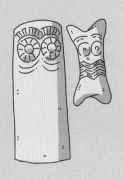

偶像徽章：这种石头小而扁平，上面装饰着锯齿形图案，被认为是氏族创始祖先的一种象征；也就是说，这个吊坠可能代表你属于哪个氏族！它们是伊比利亚半岛南部所特有的。

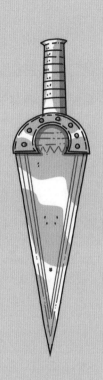

第五章
金属器时代

◄ 欢迎来到金属器时代 ►

尽管历史悠久，但旧石器时代和新石器时代是人类以使用石头、骨头和木头为主的时代，这就是为什么它们被称为石器时代。然而，如果有一件事是我们人类所喜欢的，那就是探索未知的东西，因此，

在某个时刻，我们开始铸造金属部件：金属器时代已经到来！剑、盔甲和金属冠冕的时代！听起来很酷，对吧？很现代化！但不要太过自信，因为这个新时代带来了新的、非常危险的威胁……这里就有四种。睁大眼睛，看看你是否能找到它们！

在青铜时代你应该小心：
· 战斧剑
· 滑落的岩石
· 长矛
· 来历不明的军队

但是等一下！我们在哪一年？我们还在史前吗？

当文字出现时，史前时代就结束了，但根据我们的时间线，当这种情况发生时，有些人仍然在新石器时代！

　　没错，的确如此！我们所知道的最早的文字大约出现在公元前 3500 年。但请注意！它出现在**中东**，早在公元前 6000 年中东就进入了青铜时代，而伊比利亚半岛在公元前 3000 年前后进入金属器时代。这就是为什么当第一批文字出现时，有些人"离开"了史前时代，其他人还没过完新石器时代的一半。

　　还有一个更重要的细节，那就是两河文明并不是唯一的文明。有几个文明同时出现了，每个都有自己的时间点！正如我们所看到的，

美索不达米亚文明是较早的文明，但我们不得不等待多年，直到中国人，然后是埃及人，创造出了自己的文明。不用说遥远的时期，即使在今天，仍然有一些民族**没有**文字，所以在某种意义上，他们仍然可以说是**史前**的！

关键是，现实比简单的时间线更为**多样化**，像"史前"或"历史"这样的概念并不像我们想象的那样僵化！

事实上，同样的事情也会发生在金属器时代！这一时期通常被分为青铜器时代、铜器时代和铁器时代，这种演变是以一种非常不规律的方式发生的。

大约在公元前6500年，有些部族已经进入了青铜器时代。其他地区，如撒哈拉以南的非洲，就这样跳过了一个阶段，直接进入了金属器时代！至于今天美国所在的地区……谈论这些时代是没有意义的，因为尽管他们制造了黄金和白银饰品，但他们在日常生活中并没有使用其他金属，如青铜或铁。然而，几个世纪以来，他们一直拥有庞大而复杂的社会，我们认为这是金属器时代的特征！

因此，你最好以开放的心态前进，要知道，尽管我们将在接下来的几页中给你一些线索，但进入金属器时代的时间**并非处处相同**。一起去冒险吧！

◄ 大门和高墙 ►

大多数进入金属器时代的村庄部落都有了很大的发展：人口越来越多，农田面积越来越大。但这并不意味着没有问题！事实上，你所在的村庄肯定经历过几次**战争**，这就是防御建筑在此时蓬勃发展的原因。

仓库或宫殿

小屋

危险：攻击！

如果你在城墙外看到一些掠夺者，你最好在城门关闭之前进入城市！

城堡与要塞（阿尔梅里亚）

　　考古遗迹表明，金属器时代最重要的城市都被高耸的**石墙**和土墙保护着，形成大小不一的环状结构。此外，还有坚固的**堡垒**和坚固的**城门**，都是为了保护自己免受敌人的攻击。在这些城墙内住着农民和工匠，尽管城市的上半部分曾经是贵族住着的（是的，现在已有贵族，稍后会详细介绍）。

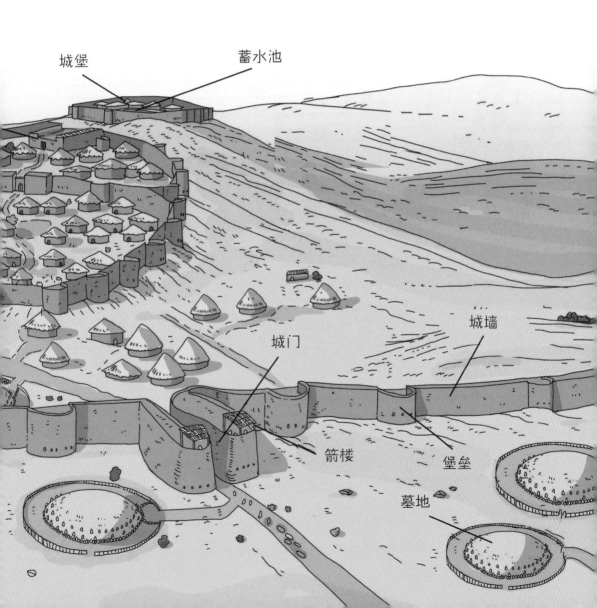

城堡

蓄水池

城墙

城门

箭楼

堡垒

墓地

◀ 拿起武器 ▶

金属器时代的革命性突破是什么？你只要看看它的名字就知道了：**冶金术**。冶炼金属的技术极大地改变了人类的日常生活，通过加入金属部件，可以制造非常有用的物品。

你需要锋利的工具来切蔬菜吗？不用担心：在**铸造厂**，你可以冶炼铜、青铜或铁等**金属**，并在必要时用模具或锤子对它们进行塑形。现在所有的旧工具（镰刀、斧头、刀……）都是用金属制造的，这使它们更加有效和耐用。但毫无疑问，在锻造的作品中，**武器**占据着特殊的位置。

箭头：模具的好处是可以连续制造许多相同的物体，所以史前人类很快就学会了用一个模具做几十个箭头。最厉害的是，它们加在一起的杀伤力要大得多！

长矛和标枪：这些武器本来就很致命，再加上金属箭头，杀伤力就更大了！

铠甲和盾牌：此时的战士只是为了打仗，所以他们需要保护自己，不受敌人的伤害。盾牌使他们几乎不可战胜！

头盔：在战斗中最需要保护的部位是头部，如果一个战士因失去平衡或意识而倒地，那他必死无疑。头盔大多是由金属制成的，但有的也会与象牙等其他材料相结合。

剑：虽然长矛一直是当时战场上的最强武器，但剑的价值不仅是作为一种武器，也是一种象征。因为它的制造成本很高，所以只有最有权势的人才会拥有。

◀ 更多的发明 ▶

尽管战争很重要，但金属器时代也出现了畜牧业和农业的巨大进步。这是一件好事，因为有更多的嘴要喂！

轮式车辆：轮子在金属器时代已经存在了，但记住，一开始它不是用于地面的。当然，当史前人类看到它的效用时，他们很快就创造了车。现在有多少东西都可以运输了！

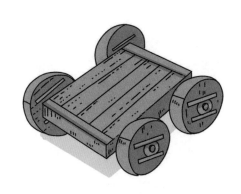

犁：如果我们在最强壮的动物们身上绑上一个锄头，让它们边走边犁地那会怎样呢？事实上，这是个不错的主意，因为多亏了这项发明，你可以更快地播种，从土地上获得更多的果实。

水渠灌溉：当作物长得非常茂盛时，灌溉可能会成为一项艰巨的任务。但是，再一次，人类用智慧解决了疑难！如果开凿一条水渠，让水更容易灌溉植物呢？这真是一个天才之举。

梯田：有些地区无法使用犁，因为没有像牛那么大的动物。例如，南美洲就是这种情况。但是，这些地区多山脉！这些地区的人类学会了在山坡上开辟梯田，这样灌溉就像从上面浇水一样容易。剩下的就交给重力了！

危险：坠入虚空！

在梯田上播种虽然看起来不错，但如果粗心大意，你可能会摔倒。如果找不到可以抓住的东西，那你就会受伤！

浮园耕作：然而，在中美洲地区，浮园（漂浮在水面上的芦筏上的作物）变得流行起来。正如你所读到的！这是一种独特的农业耕种法！

◀ 酋长的到来 ▶

正如我们所看到的那样，第一个不平等的迹象出现在新石器时代，但直到金属器时代，**社会等级**才完全形成。

毫无疑问，关键因素之一是农业和畜牧业**技术**的成功：因为它们运作良好，生产食物的成本不再那么高……而且，不是平等地减少了每个人的工作，有一群人直接……停止了工作，或者至少停止生产食物。

同时，这群人为村庄提供保护（战士）或以他们的智慧（领导者）引导人民。然而，他们到后来经常对自己的人民施加暴力，以便人民可以为自己工作。

现在你为我工作！

虐待……

当然，他们**并不总是**成功。人民仍然有平等的价值观，就像旧石器时代的部落一样，所以有时，当看到不公正的情况时，他们就会**反抗**，并从暴君手中夺回自己应得的。

统治阶级：少数享有特权的人，他们通过使用武器将自己的意愿强加于其他人。他们的贡献？好吧，他们致力于战争……和数钱。

自由民：大部分人口，包括工匠、牧场主和农民。他们有一些权利，但不要抱太多幻想。

仆人和奴隶：为什么要杀死你征服的最后一个村庄的俘虏？最好让他们用工作来换取一些剩余的食物！

战争爱好者

正如你所看到的，战士们已经成为社会上非常受**尊敬**的人。但他们是如何让别人相信他们值得获得这样的荣誉的呢？

很简单：基于神话和信仰。换句话说，就是**撒谎**。谁会反对那个保护人民安全的人（即使看不到威胁）？当战士比其他人拥有更多的财富和更多的体能时，谁会否认他们拥有神的能力（事实上，这是由于他们的特权地位，而不是因为他们更好）？

所发生的事实是，社会开始变得非常**不平等**，那些处于金字塔顶端的人利用他们的**权力**创造故事，给他们自己塑造很多非常好的形象。

以贵族战士为例，他们通过**战斗**获得**声誉**，也许这就是为什么金属武器会成为高等**社会地位**的象征。

不幸的是，他们也相信自己的故事，这就是为什么他们最终会在……不需要的时候发动**战争**。事实上，他们不仅与其他战士决斗，而且当他们看到机会时，会带领他们的士兵和仆人去**征服**其他没有对他们做过任何事情的部族，只为夺走他们的财富和**部落荣耀**（当然，在战争中会造成很多人**死亡**）！

这种对战争的热爱贯穿了金属器时代，并催生了《伊利亚特》等作品，故事中整支军队出海征服遥远的特洛伊城，借口是特洛伊的王子绑架了斯巴达王后。也就是说：所有**勇士**的梦想就是喜欢和朋友在**空旷**的地方享受。当然……什么都不做会让你玩得更开心！

死亡也会将我们分开

现在社会差异如此**明显**，它们在生活的方方面面都变得显而易见……甚至死亡！

一座农民的坟墓

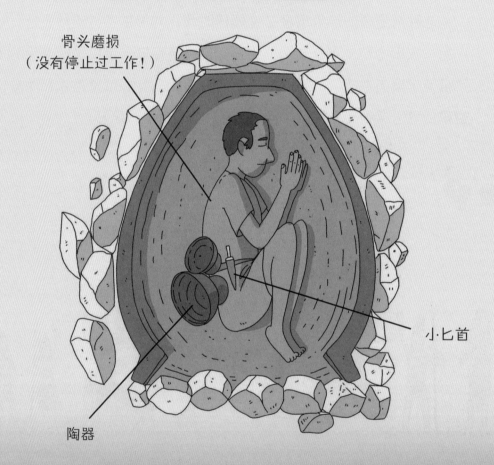

骨头磨损
（没有停止过工作！）

小匕首

陶器

陪葬品不再像新石器时代那样只是略有不同：现在墓葬之间的差异确实**令人惊讶**。看看穆尔西亚的拉阿尔莫洛亚遗址！

一座贵族的坟墓

银头带

金耳环

锥形装饰

健康的骨骼

镀银陶器

铜银匕首

黄金饰品

第六章

幸存下来的有什么

超越史前

渐渐地，等级社会的领导人积累了**权力**，并由此建立了一套完整的制度来控制他们的臣民：除了吃穿用臣民生产的东西，他们还征税，并用这些财富建造用来纪念他们自己荣誉的建筑。因此，第一个古老的国家诞生了，它成了非常重要的文明。

有了这么多的财产，这么多的国王征服的领土，这么多的贸易，人类感到有必要把事情记录下来也就不足为奇了。如果没有，那他们怎么能记住一切呢？因此，写作终于诞生了。

文字的诞生

大约在公元前 3500 年，美索不达米亚发明了**楔形文字**：据我们所知，这是人类第一次使用代表特定声音和特定含义的符号（就像我们今天的字母）。将它们结合起来，你可以将所说的任何单词**转化**为文字！这是什么技术！

为了书写，他们拿起一支楔形工具在泥板上画上符号，然后把它们晾干。瞧！现在你可以记录你卖了多少罐小麦了！

渐渐地，不同的国家发展了他们的文字，渐渐脱离了史前时代。这是一个伟大的里程碑，多亏了写作，人类才开始收集信息。现在信息不仅可以口口相传，还可以大量存储，谁知道会持续多久！

史前遗产

我们已经看到，**不可能**将史前时代的终结定在一个对全世界都有效的日期；事实是，大多数文字都是在彼此**相隔几个世纪**的时间内出现的，如果我们将史前史理解为**没有**文字的时期，那么现在我们正面临它的**终结**。

好消息是，那时我们已经发明文字了，所以……我们很容易记录下史前留给我们的非常重要的**遗产**。你还记得吗？

- 在旧石器时代，不同的物种**进化**到现在的人类物种，这是多么大的成就！
- 多亏了**火**的发现，人类社会能够照明、取暖和做饭……更不用说像烟花这样惊人的发明了！
- 在新石器时代发展起来的**农业**和**畜牧业**使我们能够养活越来越多的人，以至于今天世界人口已有 80 亿！

- **贸易**教会了我们如何与其他国家互动和建立国际关系，如果你想旅行，这是至关重要的。

- 许多**洞穴壁画**保存至今，帮助我们更好地了解我们的祖先，也印证了我们一直热爱艺术！

- 这些年来，**建筑**迈出了第一步，从用骨头制成的帐篷开始，到令人印象深刻，至今仍屹立不动的巨石建筑！

- 不幸的是，我们也留下了史前时期的坏习惯：仍然有**战争**和充满**不平等**的社会。所以这是另一个挑战！

恭喜你，
幸存者！

现在你已经知道了这个时期的一切，没有什么**危险**能阻止你！抓住你的长矛，准备好面对一些已经灭绝的动物，准备好迎接世界上最大的生存挑战。**史前在等着你**！

你想了解更多的时代吗？
该系列还有：

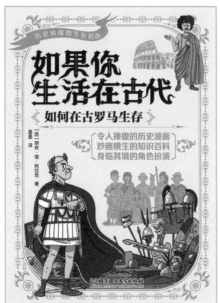

如果你生活在古代

如何在古罗马生存

[西] 胡安·德·阿拉贡　著

墨墨　译

北京理工大学出版社

BEIJING INSTITUTE OF TECHNOLOGY PRESS

图书在版编目（CIP）数据

如何在古罗马生存 /（西）胡安·德·阿拉贡著；
墨墨译. -- 北京：北京理工大学出版社，2024.5
（如果你生活在古代）
ISBN 978-7-5763-3650-4

Ⅰ.①如… Ⅱ.①胡… ②墨… Ⅲ.①古罗马 - 历史
- 通俗读物 Ⅳ.①K126-49

中国国家版本馆CIP数据核字（2024）第047002号

Title of the original edition: **Como sobrevivir a la antigua Roma**
© Text and illustrations: Juan de Aragón, 2022
Originally published in Spain by grupo edebé, 2022
This translation is published by arrangement with EDEBE EDUCACIÓN, S.L. through
Rightol Media.

北京市版权局著作权合同登记号 图字：01-2024-0447

责任编辑：李慧智　　　文案编辑：李慧智
责任校对：王雅静　　　责任印制：李志强

出版发行 / 北京理工大学出版社有限责任公司
社　　址 / 北京市丰台区四合庄路 6 号
邮　　编 / 100070
电　　话 / （010）68944451（大众售后服务热线）
　　　　　（010）68912824（大众售后服务热线）
网　　址 / http：//www.bitpress.com.cn

版 印 次 / 2024 年 5 月第 1 版第 1 次印刷
印　　刷 / 天津睿和印艺科技有限公司
开　　本 / 710 mm × 1000 mm　1/16
印　　张 / 27
字　　数 / 192 千字
定　　价 / 168.00 元（全 3 册）

历史侦探的生存指南

古罗马，
伟大而光荣的古罗马。

一个横跨整个地中海及更远地区的帝国，元首统治公正，人民生活幸福。

我们的城市为野蛮人所惧怕，因为将军的英勇声名远播，他们将文明传播到已知世界的每一个角落。多亏了他们，古罗马成为和平的避风港，到处都是无与伦比的美食，充满了各种各样的乐趣。

不要再考虑了。
来古罗马吧。

等一下！

古罗马可能看起来很**有趣**，能体验到很多事情：寺庙、军队和角斗士、战车比赛、滑稽喜剧……

但在这个世界上并非一切都是美好的，如果有一个**危险**的时代，那就是古罗马时代。

恺撒的时代充斥着战争、阴谋和火灾。不仅如此！当时的城市和现代城市有所不同，穿着不当或拿错了杯子都可能会导致**死亡**！

幸运的是，拥有了这本**生存手册**，你就能够解决即将遇到的所有的疑虑，并像真正的古罗马公民一样生活（请不要在尝试中死去！）。你敢加入我们吗？

给你一个提示：当你进入圆形剧场时，不要选错门！

❧ 目 录 ❧

第一章
从母狼到狼群

S · P · Q · R ·

罗慕路斯和雷穆斯的传说

很久很久以前，在七座山丘之间……

一个名叫阿穆利乌斯的叛徒从他的兄弟努米特那里偷走了王位。

而且，为了巩固权力，他除掉了国王的孙子……

把他们扔进台伯河！

再见了，臭小子！

啊啊啊！

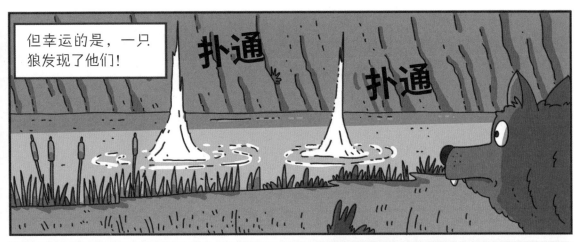

但幸运的是，一只狼发现了他们！

扑通

扑通

狼像照顾幼崽一样照顾他们，甚至给他们喂奶。

这就是罗慕路斯和雷穆斯存活下来的原因。

在这之后，牧羊人收养了他们，并抚养他们长大。

然后牧羊人揭示了他们的身世，并向他们讲述了他们的祖先。他们原本出身于英雄神族！

牧羊人还向他们讲述了阿穆利乌斯的罪行。他们非常愤怒……所以他们决定报复阿穆利乌斯。

他们找到了阿穆利乌斯……

啪

啪

他们放逐了阿穆利乌斯。

现在，两兄弟中的一人必须统治七座山丘。但是由谁来统治呢？为了做出决定，罗慕路斯和雷穆斯一起挑战数秃鹫。谁数得多谁就是新国王……

十二！

六！

罗慕路斯胜出！

然后新国王在地上画了一条线。这是他新城市的边界，未经他的许可，任何人都不能越过。

但可怜的雷穆斯把这当作一个笑话。有一天，他越界了……

罗慕路斯杀了他。

啪

于是，古罗马诞生了。

在我的国家你敢不服从我！

从神话到现实

传说是这样的：来自英雄神族的一对双胞胎，救了他们的狼，兄弟复仇，直至自相残杀（兄弟相残在古罗马很流行）。但谁知道其中有多少是真的？毕竟，这只是一个传说！现实有点不同。

公元前 753 年，当牧羊人和农民定居在著名的七座山丘之间时，古罗马诞生了。没有狼或神的参与。但这并不意味着他们无法书写**自己的故事**。

天哪，小偷！

跳到第 110 页，看看古罗马人偷来的神！

古罗马之所以很快就能扩张领土并获得权力，是因为它致力于**入侵**邻国。它就这样成为一个拥有数百年历史的**伟大文明**。

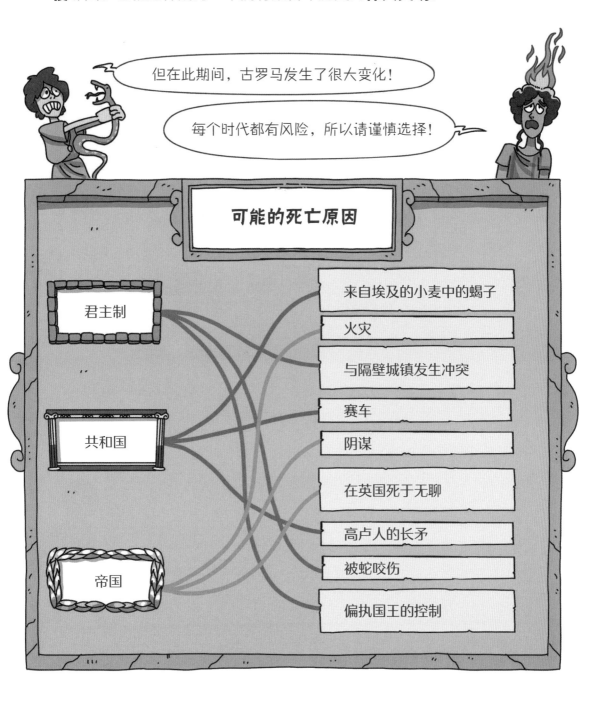

王政时期

公元前 753 年至公元前 510 年

关于古罗马的起源人们之所以知之甚少，是因为传说和现实是混杂在一起的：罗慕路斯和雷穆斯到底是谁？他们真实存在吗？这很难说，根据传说，罗慕路斯是古罗马的第一位国王，他构建了**政府体系**。这不是一件小事！

民众大会　国王　元老院

当然，**国王**几乎拥有绝对的权力。**元老院**帮助他完成最无聊的任务（例如，制定法律），并由来自最好的家庭的 100 位智者组成；虽然元老院的级别低了一些，但是元老院也很受欢迎，因为元老们可以任命国王！还有一个由普通人组成的民众大会，由他们决定法律和战争。

注意元老院，它以后非常重要！

古罗马国王

尽管他们统治着同一块土地，但他们并非来自同一个部落！他们起源于拉丁、萨宾和后来的伊特鲁里亚。

罗慕路斯：古罗马的创始人。他统一了拉丁部落和萨宾部落，然后神秘消失了。

努马·庞皮留斯：组织了古罗马宗教和众神崇拜。

图鲁斯·奥斯蒂吕斯：他喜欢对外扩张，战绩辉煌。

安库斯·马尔西乌斯：他使古罗马成了商业之都。

卢修斯·塔克文·普里斯库斯：他美化了古罗马城。

塞尔维乌斯·图里乌斯：他建造了城墙，并将人们分成六个社会阶层。

高傲者塔克文：他用暴政制造了恐怖氛围。他是最后一位国王。

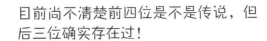

目前尚不清楚前四位是不是传说，但后三位确实存在过！

一点一点地，古罗马增加了财富和领土，但其他人**可能**不会因为国王积累了如此多的权力而感到高兴。特别是在**高傲者塔克文**统治期间（你可以从他的绰号中想象，他不是一个好人）。他用暴力为所欲为：谋杀他的对手，摧毁圣殿……他的儿子似乎同样**无情**，因为他的罪行导致一个良好家庭的年轻女子结束了自己的生命。

　　这是压死骆驼的最后一根稻草：他儿子的行径激起了人们的反抗，导致元老院永远放逐了高傲者塔克文。**共和国来了**！

共和国

公元前 509 年至公元前 27 年

现在国王走了，再也没有回来。元老院，那群聪明的老人，**控制了古罗马**。他们的时代终于来了！但是必须有人担任政府首脑，所以他们设立了两个非常重要的政治机构——**执政官和民众大会**，他们将领导古罗马……当然，这两个重要的政治机构总是服从元老院。

民众大会　　元老院　　执政官

来自君主制的民众大会变成选举制，并继续决定一些问题，特别是那些与军队有关的问题。令人惊讶的是，正是在这个时候，一支官方军队出现了：**古罗马军团**。

事实上，在此期间，古罗马**征服**了许多领土：它统一了意大利半岛，从迦太基手中夺取了对地中海的控制权（在所谓的布匿战争中）。

然而，伴随着如此大规模的扩张，共和国开始**动摇**。在公元前1世纪，古罗马将军在他们的军团支持下，蓄积了巨大的力量，并且发生了几次**内战**。一方面，战争有利于扩大领土和赋予人民更多的权力；另一方面，发起战争者希望维持元老院和古罗马贵族的权力。

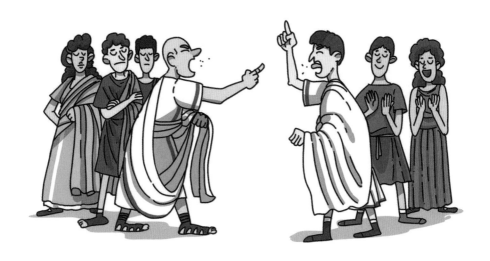

第一次真正关键的内战发生在公元前88年至公元前87年之间。民主派执政官马略与贵族派支持的**苏拉**矛盾激烈，多次发生冲突。虽然苏拉的胜利很短暂，但是他增强了自己军队的战斗力，并最终**统治**古罗马。看起来古罗马会恢复正常……但是他们错了！

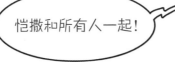

恺撒和所有人一起！

恺撒独裁官
公元前 100 —公元前 44 年

    盖乌斯·尤利乌斯·恺撒是一位伟大的古罗马领袖……尽管他的一生并非一帆风顺。

    他年轻的时候为躲避苏拉而去东方征战，因为他被视为马略的支持者。然而，在那里他很幸运：恺撒与**比提尼亚**国王成了好朋友，以至于后者将自己的王国作为古罗马行省交给了他。多么好的礼物！

    充满冒险的政治生涯开始了：从被海盗绑架，**结局很糟糕**（当然是指海盗），直到在西班牙度过愉快的任期。后来，通

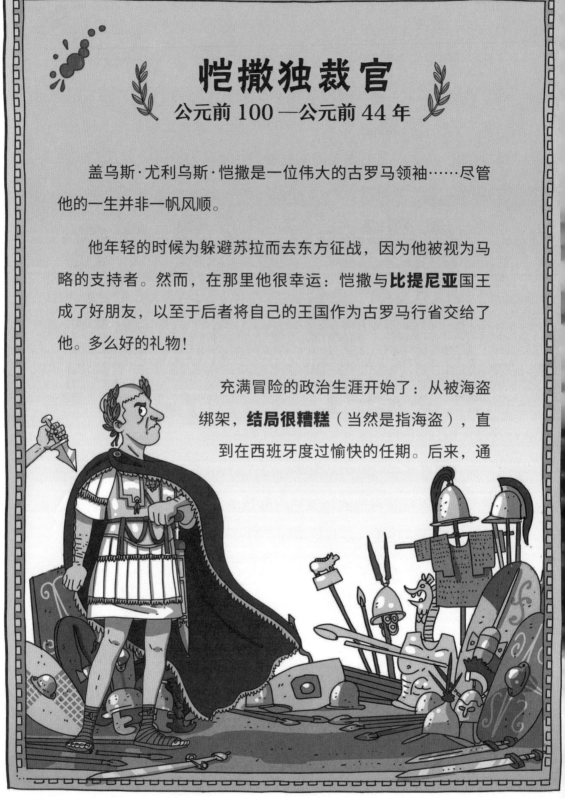

过这些冒险，恺撒最终与克拉苏和庞培并列为古罗马的**三位领袖**：这个联盟被称为"前三同盟"。

但是，恺撒日益增长的权力危及共和国，所以三人很快就**相互敌对**，并爆发了第二次内战。当然，恺撒在战斗中占据了明显优势，这一次的胜利是压倒性的。

最后，恺撒成了古罗马的最高领袖……虽然并**没有持续很长时间**。一群元老被他的权势吓坏了，在会议期间**谋杀**了他！其中有布鲁图斯，一个恺撒非常喜爱的亲戚。据说他的遗言是："布鲁图斯，你也是吗？"经元老院一致通过，古罗马历法将 7 月改为恺撒的名字。

危险：阴谋！

当你参与政治时，伤害可能来自任何地方，有时甚至是真正的刀！

帝国
公元前 27 —公元 476 年

似乎随着恺撒的**死亡**，问题就会结束（或者不止一个人试图统治古罗马），是这样吗？不！没有！恺撒深得民众爱戴，早已经为他的养子屋大维铺平了道路。

现在，共和国人不会让这个年轻人就这样掌权。古罗马还必须再经历**两次内战**！这一切都将在埃及结束：共和国最后的捍卫者马克·安东尼和他的情人埃及女王克利奥帕特拉七世奋力抵抗，海战败退后被敌人包围，最终自杀。

最后，恺撒的继承人可以无所顾忌地将自己**加冕**为元首。

他们说屋大维·奥古斯都有点骨瘦如柴……但他骑的座驾还不错！

帝国由此诞生，在世界舞台上活跃了长达 500 年！元首就像神一样：他们掌握着所有的权力，并亲自任命他们的继任者（有时一些**阴谋家**会挫败他们的计划）。这时元老院成员变成了一群顾问，元首只有在他愿意的时候才听他们的意见。民众大会也被保留下来以延续传统，但几乎不再受到重视。

当然，谁也不能掉以轻心！帝国现在正处于一个权力斗争的时期。连元首都摆脱不了的……

提比略（卒于 37 年）

即将继位的卡利古拉不耐烦地守候着病重却迟迟不死的元首。所以……卡利古拉用让他窒息的方法加速了元首死亡的过程（可能用枕头）。

尼禄（卒于 68 年）

元老院要逮捕他，因为他大兴土木建造宫殿（你会在下一页看到），他命令他的随从帮他自杀，随从完成了使命！

卡拉卡拉（卒于 217 年）

他在路边小便时被他的一名卫士杀死。途中找不到服务站的糟糕时间！

瓦莱里安（卒于 260 年）

波斯人在战斗中俘虏了他，并通过让他吞下液体黄金来处决他。真是有钱人的死法。

卡鲁斯（卒于 283 年）

他在和他的军队一起露营时被闪电击中。是的，是的，是真的。

卡里努斯（卒于 285 年）

喜欢调情，他因勾引他的一名警卫的妻子而被杀。

瓦伦提尼安一世（卒于 375 年）

他非常生气，以至于头部出血……死了。

尼 禄 和 古 罗 马 的 大 火

传说，有一天晚上，尼禄引发了一场巨大的火灾，火灾发生时他正在弹竖琴唱歌，大火**吞噬了这座城市**……

但这不是很合理！其中有多少是真的？古罗马历史学家塔西陀证实：在 64 年，古罗马发生了一场**可怕的火灾**。但我们不知道是什么原因导致的。有些人指责基督教徒（当时他们是一个被禁止的教派！），有些人责备尼禄。即使情况确实如此，谁知道他这样做是为了好玩，还是因为想找个借口为自己建造一座新宫殿？这很可能是一场意外的火灾，就像古罗马的许多其他火灾一样。

然而……事实是尼禄确实在废墟上为自己建造了一座神话般的**宫殿**（"黄金屋"）……

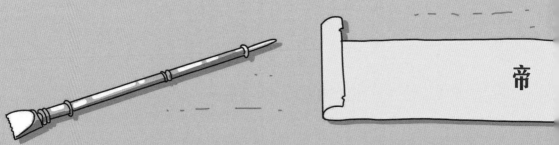

帝

在这个新的阶段，强大的古罗马军团不断**扩张自己的领土**。
通过契约或战争，他们将犹太、毛里塔尼亚、日耳曼和不列颠添
加到自己所征服的长长名单之上。在位期间帝国发展较快的元首

不列颠

潘诺尼

欧洲

意大利

西班牙

非洲

扩 张

是图拉真（不要忘记这个名字！）：当他的军团占领阿拉伯和达契亚时，古罗马的版图比以往任何时候**都大**！

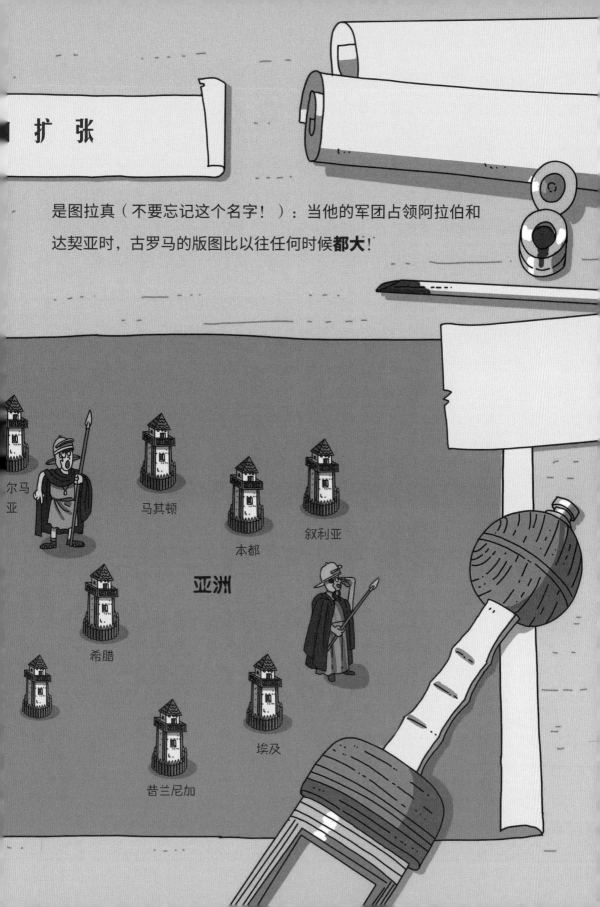

尔马亚

马其顿

本都

叙利亚

亚洲

希腊

埃及

昔兰尼加

古罗马化

当古罗马人到达一个领地时会发生什么？他们把国王送上断头台了吗？他们在城镇广场上焚烧女巫了吗？都没有，我们想错了。事实上，他们成功的关键之一在于一个不那么暴力的过程：**古罗马化**。

当古罗马人征服一座城镇时，他们不仅强化了古罗马的法律，还**邀请**当地**领导人**和平民采用**古罗马习俗**（宗教、服饰……）。渐渐地，越来越多的人受到古罗马士兵和商人的影响，并模仿他们，以至于他们都变成了真正的古罗马人。

但并非所有人都以同样的方式接受古罗马人！

西班牙

218 年，古罗马人抵达西班牙，他们不得不面对凶猛的敌人：北部的坎塔布里人和阿斯图尔人，以及南部的迦太基人。

然而，古罗马最终征服了整个半岛，并建立了重要的城市，如塔拉科（塔拉戈纳）、埃梅里塔·奥古斯塔（梅里达）和巴尔奇诺（巴塞罗那）等。此外，古罗马化的过程非常迅速和有效，许多士兵留在西班牙居住，因为那里气候宜人，产品优质，比如橄榄油。

在整本书中提到西班牙的三处古罗马遗迹。你能全部找到吗？

第 54—55 页：橄榄油和西班牙产地。
第 60 页：橄榄油和西班牙产地。
第 87 页：塔拉戈纳的古罗马圆剧场。

∽ 埃及 ∽

　　在公元前 30 年，女王克利奥帕特拉七世和马克·安东尼战败后，埃及成为古罗马行省。但请注意！那个时代的埃及人已经是埃及文化和希腊文化的混合体，因为几个世纪以前他们就已经被亚历山大大帝征服了。

　　有趣的是，古罗马人适应了这种已经存在的文化环境，并尊重他们的寺庙建筑和他们的神灵崇拜等事物。多亏了这一点，埃及的大部分文化财富才一直保存到今天！

❧ 不列颠 ❧

　　古罗马在不列颠遇到了对手，这证明没有绝对的强大。北方原住民因其在战争中喜欢彩绘身体而被称为"皮克特人"，他们非常好战，以至于古罗马人直到公元 43 年才成功征服他们的部分领土。古罗马人不能再前进一步了！事实上，他们不得不建造一堵石墙来保护自己免受持续的攻击。

　　当然，古罗马人也没有浪费建造伦底纽姆（今天的伦敦）这样的大城市的机会。

古罗马人不穿裤子，但在不列颠，他们感到太冷了，所以最终穿上了裤子。

还是穿裤子更暖和！

尽管有过辉煌的岁月，帝国还是走到了尽头。渐渐地，古罗马因经济问题和权力斗争而变得虚弱，它的各种敌人的反抗开始**取得进展**。

395 年，狄奥多西一世为了避免死后子女为争夺统治权发生冲突，将帝国划分为两部分：西方帝国，首都在古罗马；东方帝

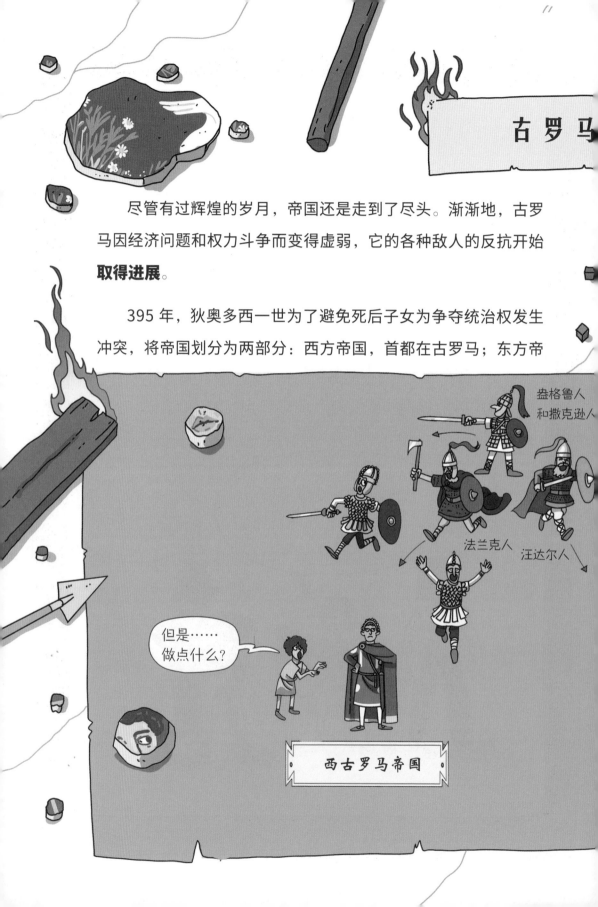

盎格鲁人和撒克逊人

法兰克人   汪达尔人

但是……做点什么？

西古罗马帝国

灭亡

国，首都在君士坦丁堡。

但西方帝国没多久就垮台了：476 年，**野蛮人**最终占领了古罗马。至于东方帝国，也就是拜占庭帝国，它一直存在到 1453 年。但那是**另一个故事**了。

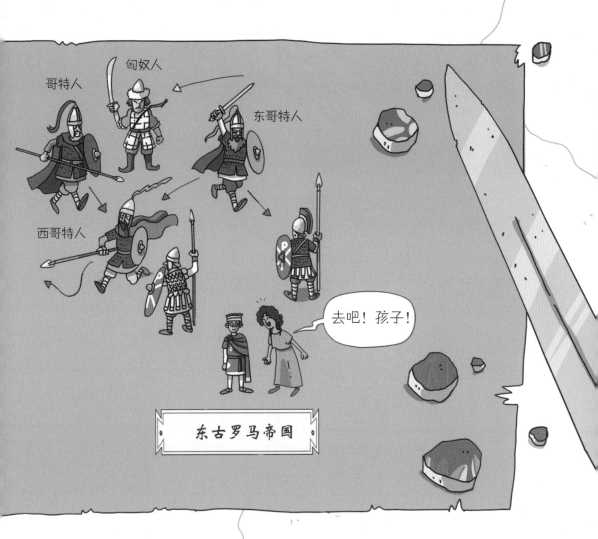

第二章
如何成为古罗马人

用拉丁语说话

如果你想在古罗马生存，你要做的第一件事就是学习他们的语言！否则，你如何知晓他们卖给你的是香料而不是毒药？

嗯……今天炖肉！

古罗马人的语言是**拉丁语**。是的，听起来很老！事实上，今天的许多语言都来自它。但这并不意味着在拉丁语之前没有其他语言！

在意大利半岛，人们说奥斯坎语、翁布里亚语和伊特鲁里亚语；在伊比利亚半岛，人们说伊比利亚语、塔尔提索斯语；在比利牛斯山脉，人们说巴斯克语；在高卢，凯尔特人说高卢语……但是，当它们成为古罗马省份时，所有这些城镇都必须学习拉丁语。许多古老的语言**永远消失**了！

拉丁语有两种变体——通俗的（普通人说的）和古典的（用于文本的），但只有后者留存了下来，这要归功于古罗马的书面作品。事实上，古典拉丁语获得了非常高的**声望**，以至于直到 18 世纪在欧洲仍被用作科学和哲学的语言！

但是所有这些声望并没有改变古罗马作家的命运！

西塞罗：他是伟大的政治家，写了关于独裁统治下的危害的文章，并为共和国辩护，以至于失去了理智……后来他因反对帝国而被斩首。

塞内卡：他是一位非常著名的哲学家。他什么都写，论文、诗歌、戏剧……他也是尼禄的老师，很明显皇帝并不太欣赏他，因为他最终被判处了死刑。

古罗马数字

我们今天使用的数字起源于**阿拉伯语**，与古罗马人的复杂方法无关。注意，字母和数字来了！

古罗马人用字母写下他们的数字。你是否注意到西班牙人是如何来写世纪的？那正是**古罗马数字**。目前用它做的事情很少，但在古罗马，你必须每天使用它！

每个字母都有一个值，你必须将它们**相加**才能得到相应的数字。
例如，I = 1，II = 2，III = 3。但要小心！永远不能连续放置四个或更
多相同类型的符号。因此，我们必须**减去**，你要得到数字 4，必须从
V（5）中减去 I（1）。我们怎么做？嗯，把它放在前面！IV = 4。

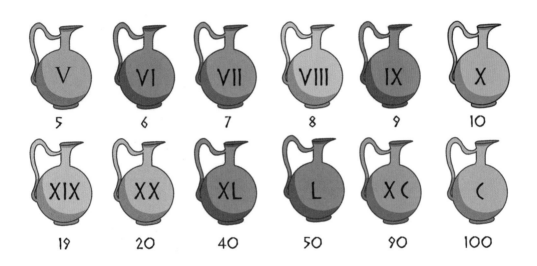

你能用这个体系写下你的出生年份吗？

MCMLXXXVI = 1986

MM = 2000

MMXIII = 2013

经常乱七八糟！所以他们会说
这是表情包，看不懂！

赶时髦

等等，你还不能上街！你在考虑穿着牛仔裤和运动鞋在古罗马城市中散步吗？这就像在你的后背画一个**靶心**！

长袖突尼卡是一种材质为亚麻布、棉布，甚至丝绸的简单织物。

斯托拉是一种女式外套，穿在突尼卡的外面，是一种礼仪性的服装。

在寒冷的天气里，女人用帕拉盖住头部和背部，男人则把它放在肩膀上。

如果有钱的话，男人和女人都用染料来装饰他们的长袍。

贵族皮靴：古罗马人最喜欢的鞋子。它们是用皮革做的，作为昂贵的装饰物用来炫耀。

平民便鞋：非常简单和舒适的鞋子。通常是平民穿的。

想了解更多关于社会阶层的信息，请跳到第 39 页！

好吧，是的，长袍看起来很棒，但是很不舒服！

男人们穿着亚麻或羊毛的束腰外衣，系着腰带。

上流社会的古罗马人会穿一件优雅的长袍。

服装在古罗马非常重要。不仅因为有针对男性和女性的特定服装，还因为这些服装为人们了解你的**社会阶层**提供了线索。这极大地改变了其他人对待你的方式！

凉鞋：著名的古罗马凉鞋是在家里穿的。它们用皮带绑在一起。

行军靴：它们是军团士兵的靴子，但农民和最勇敢的旅行者也喜欢穿。

～ 卫生 ～

问题：你今天洗澡了吗？最好是洗了，因为古罗马人非常重视卫生；为此，他们发明了**公共浴池**，任何人都可以在那里洗澡。（只有富人家里才有独立浴室！）

如果没有公共浴池，那味道可想而知！

～ 发型 ～

一般来说，男人都留着短发，剃须，尽管这样做通常会让他们的脸被**毁容**（因为古罗马的刀片不是很精致！）。也许这就是长老们留胡子的原因；事实上，在几个世纪的时间里，即使是最年轻的男人也会模仿他们。

另外，女性则留起了长发。她们会做各种各样的发型，越**复杂**越好（因为这也是她们所处社会阶层的标志），尽管她们经常需要另一双手的帮助，却仍选择用天然染料给头发染色或用灰制成的漂白剂将头发漂白。

∽ 珠宝 ∾

一个古罗马人没有他的珠宝会是什么样子！在古罗马，任何理由都是**炫耀**的借口，没有什么比珠宝更好的了：戒指、吊坠、耳环、扣子、手镯、脚链、胸针……有些人闪闪发光，仿佛来自奥林匹斯山！

贵族是古罗马的精英,如元老、高级官员,当然还有富人。

平民占公民的绝大多数。他们是工匠、商人、农民、士兵……

奴释民,他们宣誓效忠于一个拥有更多资源或地位更高的家庭,以获得他们的保护和支持。

以前是**自由民**的奴隶,要么通过购买,要么通过主人的意愿获得自由。

奴隶几乎不被视为人,并被分配了各种各样的工作。他们曾经是战俘或负债累累的人,自愿做奴隶来保全自己的性命!

社会阶层

你可能已经意识到古罗马的生活会因你的**社会阶层**而发生很大的变化。毕竟，你的出身和财产决定了你的权利（因此决定了你**生存**的机会！）。

首先，并不是每个住在古罗马的人都具有"公民"的身份。公民身份使你能够在选举中投票、合法结婚、担任公职、立遗嘱、继承遗产、做生意……"**非公民**"却没有这些权利！

自由

如果你认为奴隶们甘愿受虐待，那你就错了！在共和国时期，有几次奴隶领导的起义，被称为奴隶战争。最著名的是公元前73年，由色雷斯角斗士斯巴达克斯率领的起义，听起来很厉害，不是吗？这群奴隶让古罗马军团受到了考验。一切为了自由！

⌇ 古罗马家族 ⌇

虽然这听起来很疯狂，但你的命运掌握在别人手中，这在古罗马是很常见的事情。没有比**家父**更好的例子了。

家父是家里的长者，通常是父亲，统治着**整个家族**。并不是说当他命令你收拾桌子时你必须听他的（这是一项任务，而且，这是奴隶的工作），而是说他拥有房子和所有财产，不服从他是**违法**的。如你所见：非法！

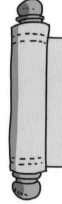

危险：浑蛋

即使你的母亲很爱你，但如果你的父亲不承认你是他儿子，那你就不是这个家庭的人。要么你被另一个家庭收养，要么你就得流落街头！

∽古罗马妇女∽

古罗马妇女的地位如何呢？好问题！现实是，虽然她们也分为贵族、平民、奴隶……但她们的生活与同阶层的男人几乎没有关系。

妇女虽然自由，但总是处在男性的**监护下**：她们年轻时由父亲、兄弟或叔叔监护，结婚后由丈夫监护。妇女的主要生活目标就是结婚生子，这就是为什么她们很早就结婚了。

幸运的是，"自由公民"可以继承并享有某些权利……尽管这对最贫穷的人来说是没有意义的，她们每天都在工作或照顾孩子和家庭。当然，对女奴隶来说情况更糟：她们**没有任何权利**，像男性奴隶一样，她们的生活质量取决于她们的主人。

饮食

种族差异也体现在食物上。你可能还记得一个躺着的古罗马人的典型形象，旁边有成熟饱满的葡萄，对吧？好吧，这对多数人来说是**无法实现**的。

古罗马有很多人**挨饿**。出于这个原因，统治者们推出了粮食供给制，把小麦分给穷人，让更多的家庭都有粮食吃！

但是，如果你有足够的钱，你可以去**购买食物**！你知道如何找到古罗马人饮食中的两种基本食物吗？

事实上，古罗马人每天都在吃**面包**、**喝酒**！早餐、午餐、点心……他们通常会搭配蔬菜、豆类、奶酪……

但毫无疑问，一天中最重要的一餐是**晚餐**。在一个家庭中，菜单可能包括煮鸡蛋、韭菜、培根、豆制品和水果。这是一场盛宴！

宴会：富人的晚餐

贵族们经常举办宴会。在这些精致的晚宴上，如果有重要的客人，主人会提供开胃菜、主菜和甜点。这里有真正的富有异国情调的食物：牡蛎、金枪鱼、野鸡、兔子……所有这些都是从帝国的遥远省份运来的。比如，古罗马人最喜欢的酱汁——鱼酱油，它是用西班牙的鱼制成的。当然，古罗马人进餐时总是配着葡萄酒。

危险：毒药

注意你的杯子！有人可能会用氰化物、乌头或天仙子来让你离开！

选择你的职业

你在古罗马**生存**的机会很大程度上取决于你的工作，因为在某些情况下，你最终可能会像一块格鲁耶尔奶酪一样被刺得浑身布满孔洞（如果不相信，可以问问恺撒）！

但要小心！不要想着告诉元老他的"工作"很有趣，因为他可能会觉得**很糟糕**！对古罗马人来说，工作就是做一些赚钱的事情。因此，他们认为工作**不适合**上层阶级，而上层阶级本身就是富有的。

因此，贵族男性致力于更体面的事情，如"荣耀之路"，即从事政治（他们不收任何**工资**；当然，他们的钱来自其他地方……）。当

然，贵族女性不允许从事政治，她们负责照顾家庭（但这并不意味着她们找不到影响社会的方法）。

"晋升体系" 的阶段

 监察官：他们监督所有事务，以保持良好的风俗。

 财务官：他们负责收税。

 市政官：他们负责城市的行政工作。

 裁判官：法官、检察官和律师。

 执政官：他们指挥军队，召集元老院和民众会议。

 元老：他们可以从事政治以外的职业，但他们过去必须担任过上述职位之一。

紧急情况

在共和国时期，当危机爆发时，最有野心的人可以夺得独裁官的位置，这使他们对古罗马拥有绝对的控制权。这听起来是不是很熟悉？

啊，好吧，他们喜欢发号施令！

另外，平民必须工作才能生活。在城市里，男人和女人从事着各种各样的**职业**：教师、织工、鞋匠、街头小贩、鱼贩、陶工、木匠……然而，平民并不意味着贫穷：有些人甚至买一个**奴隶**来帮助他们做生意。

在农村也有很多事情要做。贵族们拥有大片的**庄园**（啊哈，他们的钱就是从这里来的！），里面有庄稼和牲畜，必须有人照料。除了平民，自由民和奴隶也在这里工作，种植和收获橄榄树的果实、收割小麦、喂养牲畜。

无论农村还是城市，奴隶都被视为简单的"工具"，因此他们经常从事**最危险和最不愉快**的工作，如矿工、农民或沿海工厂的工人。

比较幸运的部分奴隶，他们主要的工作是为他们的主人记账，教育主人的孩子或者在主人家里做饭。但是不要因此就想多了！他们的**命运**仍然掌握在别人手中：首先是在卖掉他们的商人手中，然后是在他们的主人手中。只有当别人给他们自由时，他们才能最终成为自己生活的主人。

不要违法

在古罗马，他们非常重视**公正**，他们将其定义为"善良与公平的艺术"。这就是为什么每当发生冲突时，他们会为了寻找"善良而公平"的法律进行长时间的**辩论**。他们必须在辩论中胜出，因为古罗马法是如此严谨，以至于它是现行法律的基础！

然而，在制定这些法律的过程中，肯定有一些漏洞，因为古罗马律师是演说艺术的专家。也就是说，他们知道如何使用正确的说辞来**说服**听众。事实上，他们制定了一系列规则，这些规则……有时近乎**操纵**。例如，善良的西塞罗是一位伟大的演说家。遗憾的是，他的技能并不能拯救他的生命！

当然，如果你犯了罪，即使是最好的演说家也救不了你。相信我，古罗马人的**惩罚**非常有创意。

鞭打：这是古罗马最常见的惩罚，它足以消除人们对犯罪的欲望。

斩首：仅适用于最严重的罪行。起初，人们使用斧头作为正义的象征，但后来也使用了剑。

麻袋的惩罚：这是把凶手放在麻袋里，而后扔进大海或河里。麻袋里还有什么？嗯，一只猴子，一条蛇，一条狗和一只鸡。这样凶手在沉入水底的旅程中就有伙伴了。

钉十字架：这种惩罚是为反抗古罗马的叛逆者保留的。把活着的罪犯钉在一个巨大的木质十字架上，这个十字架通常像可怕的装饰一样被放置在路边。

塔尔皮亚岩：古罗马城对杀人犯和叛徒还有一项特殊的惩罚，那就是将他们推下这个巨大的悬崖。

第三章
你想在哪里生存

住在城市里

随着古罗马的扩张，古罗马在其领土的不同地区建造了城市。但无论相隔多远，它们都非常**相似**！古罗马人试图模仿首都井然有序的设计，照搬首都的建筑物甚至街道的布局！

城市是充满活力的：每天你都会遇到**成千上万**的人，运送货物的、去往剧场或广场的。那时候已经有人行横道了，在穿过马路之前，你必须仔细看看两边！

现在最重要的是：你要睡在哪里？

～ 岛屋 ～

它们是平民的住所。这些家庭不得不挤在狭小的空间里，通常没有自来水、厨房和厕所。

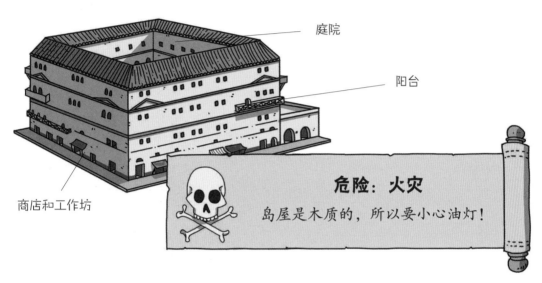

庭院

阳台

商店和工作坊

危险：火灾

岛屋是木质的，所以要小心油灯！

～ 独栋住宅 ～

最富有的平民和贵族都住在非常宽敞的房子里。由于材料质量较高，所以火灾风险小，而且他们有自己的厕所！

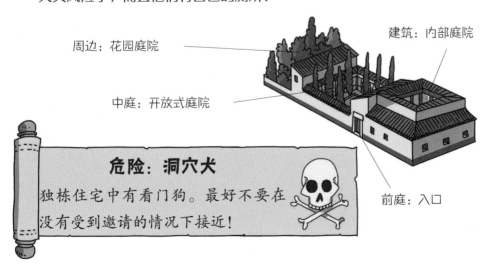

周边：花园庭院

中庭：开放式庭院

建筑：内部庭院

前庭：入口

危险：洞穴犬

独栋住宅中有看门狗。最好不要在没有受到邀请的情况下接近！

⚘ 古罗马广场 ⚘

现在你有了家，去广场看看怎么样？这座城市最**重要**的建筑集中在这里：神庙、政府所在地、法院、市场……所以，如果你必须收集

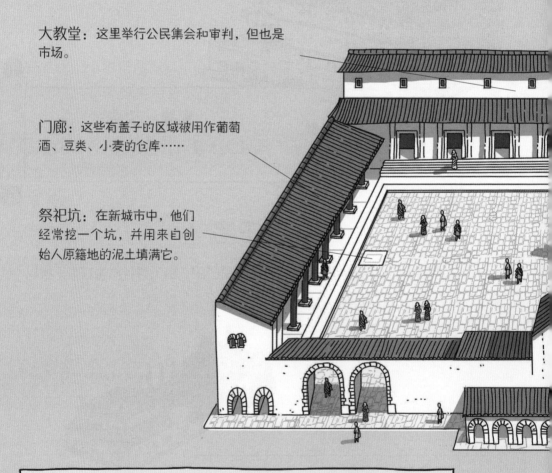

大教堂：这里举行公民集会和审判，但也是市场。

门廊：这些有盖子的区域被用作葡萄酒、豆类、小麦的仓库……

祭祀坑：在新城市中，他们经常挖一个坑，并用来自创始人原籍地的泥土填满它。

多亏像塞戈布里加这样的废墟，今天我们才知道广场的模样。

一些**祭祀证书**，那你可以借此机会购买晚餐，并向神献祭。此外，如果**幸运**的话，你可能会遇到一些宗教庆祝活动、游行或其他令人难以置信的景象。

神庙：在每个广场上都有一座供奉某个神或女神的神庙，以免他们对这座城市生气。

雕像：广场上装饰着地位显赫的公民或当代统治者的雕像。这是何等的荣幸！

如果你不知道如何向众神献祭，请看第105页！你不希望朱庇特用闪电击中你，对吧？

艺术家之城

在古罗马散步期间，你可能会被周围的美景所震撼。这很正常，但要小心！如果你太分心，可能会在这些美丽的墙壁上**留下印记**！

啪

～ 建筑 ～

如果你欣赏这些建筑物的设计，你可能会觉得其中一些元素很熟悉。但是，设计的灵感从哪里来？答对了！当然是来自**古希腊**。古罗马人不仅受到希腊人的哲学、文学和习俗的启发，还受到他们的建筑的启发。看看古罗马的神庙，它们很像希腊的神庙！

立面

雕带

墙墩

柱子

古罗马的建筑非常坚固，许多建筑被保存到现在。

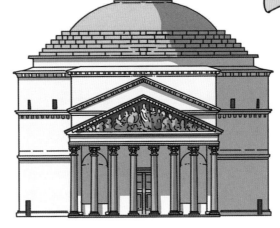

维斯塔神庙   阿格里帕万神殿

在建筑中有不同的风格，被称为**建筑秩序**，这些可以在柱子和浮雕的设计中看到。同样，有些风格来自古希腊，但古罗马人也发展了**自己的**风格（有时甚至将它们结合起来！）。

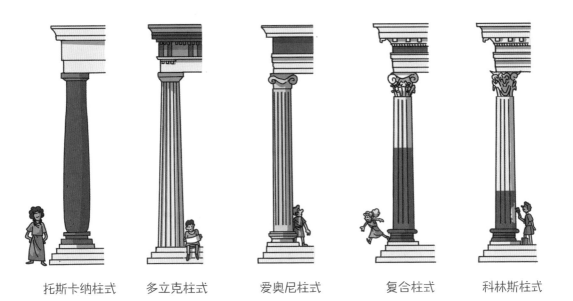

托斯卡纳柱式   多立克柱式   爱奥尼柱式   复合柱式   科林斯柱式

∽ 雕塑和浮雕 ∽

和古希腊人一样，古罗马人也是出色的雕塑家：他们非常了解**人体解剖学**，以至于他们的大理石或青铜雕塑看起来就像真人！在古罗马，装饰神庙和纪念碑的浮雕也非常壮观。古罗马人用石头雕刻它们并涂上**颜色**，尽管颜色没有保存下来！

我们总是把这些雕塑想象成纯净的白色，但实际上它们被涂上了许多颜色！

∽ 马赛克 ∽

马赛克是一种非常流行的装饰地板的方式。工匠们用成千上万块被称为**镶嵌物**的小石头创造出令人难以置信的图画，就好像是一幅巨大的拼图！

壁画

富人喜欢用漂亮的**壁画**装饰他们的房子和宫殿的墙壁。它们色彩丰富，展示了各种各样的场景，从水果、动物到柱子上的其他建筑元素（给人一种**身临其境**的印象）。

> 这些具有误导性的画叫作错视画，使我产生错觉！

装饰品和家具

古罗马人生活中只有**必要的**家具：用于存放物品的柜子和橱柜，用于吃饭的椅子和桌子，以及用于睡觉的床。不过，日常用品倒是不少：油灯、高脚杯、托盘……都是陶瓷、金属，甚至还有玻璃材质。它们也经常被装饰得很华丽。

水利工程

除了美丽，古罗马还有其他的优势，你不觉得如果有干净的水源和厕所更容易**生存**下来吗？

古罗马人是伟大的**工程师**，他们开发了对生活至关重要的公共工程。例如，下水道系统（如果没有，想象一下城市街道上可能堆积的**垃圾!**）。那水呢？古罗马人发明了水库和一系列为城市供水的管道：令人印象深刻的渡槽。

他们找到水源后，建造了一个巨大的拱门结构支撑着运河，使其始终处于斜坡上；由于重力的作用，水到达了塞戈维亚等城市。这不是很棒吗？

我们正遭受攻击

在建造一座城市时，古罗马人不仅要考虑里面应该有什么，还要考虑外面**潜藏**的危险。毕竟，古罗马人有很多敌人，所以他们需要有自保的能力才能生存。因此，古罗马城市被石墙或**砖墙**包围着。它们非常坚固，在城墙上保卫城市要容易得多。城墙唯一的入口是一扇经常关着的**加固门**。如果蛮族人来了，你的城墙最好可以抵挡蛮族人闯入！

危险：流行病

城墙阻隔了新鲜空气的流动，因此流行病得以肆虐。瘟疫和天花夺走了成千上万人的性命！

到处都有这些建筑的遗迹！

你家附近有吗？

去郊游怎么样

尽管有城墙的保护，你也可能发现城市的喧嚣会让你精疲力尽。你是否更愿意尝试在远离火灾和阴谋的农村生活？为此，你需要**做好充分的准备**。但别担心，古罗马工程会再次拯救你！

道路

古罗马变得**非常大**，因此古罗马人建立了连接首都和其他城市的道路网络。如你所知："条条大路通古罗马。"当你沿着这些舒适的道路旅行时，可能会遇到货车、信使，甚至一些前往边境保卫帝国的军队！

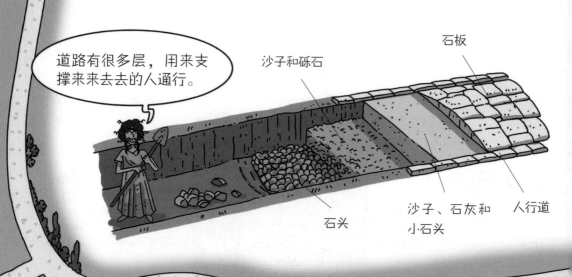

道路有很多层，用来支撑来来去去的人通行。

沙子和砾石

石板

石头

沙子、石灰和小石头

人行道

～ 如何旅行 ～

虽然道路很舒适，但旅行可能会让人疲惫，时间越长，你就越会暴露在道路的危险中……在城市之外，一切都可能发生在你身上！

如果你步行，就必须做好最坏的准备。这是最便宜的选择，也是最危险的选择，因为你的出行计划将受到恶劣天气的影响。同时你需要注意的是，还可能会遇到强盗！

另外，你可以选择乘坐马车或大篷车。这虽不能让你免受攻击，但至少你不需要整天走路！

你是否知道如何在这些交通工具中找到最常见的古罗马旅行方式？

在农村生活

恭喜你！你已经到达了你的**目的地**，现在是时候享受宁静的乡村生活了！

但要小心！在城市之外，并不是所有的事情都是轻松的。确实，这里没有那么多拥挤的人和那么多**危险**的车，但你可能不得不住在一个小村庄里，在一个**严厉的**工头的命令下耕种某个贵族的土地。你必须有很多钱，才负担得起每个古罗马人的乡村梦想——拥有一座别墅。

危险：野兽

在去收庄稼的路上，你可能会遇到一些野兽，所以你最好快点跑！

∽ 别墅 ∽

这些别墅都是乡村别墅，它们的大小取决于主人的财富。事实上，它们与独栋住宅非常相似，除了用于储存工具和粮食的额外房间。

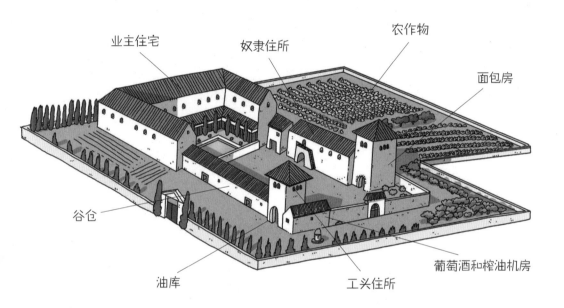

业主住宅　奴隶住所　农作物

面包房

谷仓

油库　工头住所

葡萄酒和榨油机房

别墅的好处是周围通常都有大片的田野，所以除了蟋蟀和其他昆虫外，没有邻居。此外，这些土地总被主人用墙围起来，以提防其他不速之客。简而言之，如果你想要住得安心，没有什么比别墅更好了！

第四章
不要玩得太过火

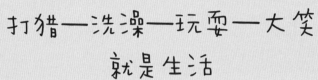

打猎—洗澡—玩耍—大笑
就是生活

狩猎、沐浴、玩
耍、欢笑。这就
是生活！

经过这么多次旅行、散步和**危险**之后，谁不想玩得开心？但要小心！在古罗马，即使**最简单**的娱乐活动也可能有风险……你想尝试一下吗？

这座城市为你提供了各种各样的选择，从最轻松的到**最血腥**的！

圆形剧场
角斗士之战

圆形剧场是古罗马人喜欢的地方之一。事实上，每一座被重视的城市都有一座这样巨大的椭圆形建筑。

最著名的圆形剧场当然是古罗马斗兽场，它于公元 80 年建成，至今仍**屹立不倒**！虽然第一批圆形剧场是用木头建造的，但最现代化的是用石头建造的。你猜怎么着？它们的装饰太精细了。

遮阳篷：保护观众免受阳光照射。这一切都是为了观众的舒适！

观众席：这些看台最多可容纳 7 万人！

竞技场：竞技场里有一整套通道网络，还有升降机！

入口：每个社会阶层都有自己的大门。贵族不会与其他人混在一起！

　　为什么圆形剧场如此受欢迎？因为著名的**角斗士比赛**就是在那里举行的！这些角斗在民众中引起了轰动，因为他们提供了一场充满激情的**表演**，完全免费！

　　这些**血腥**的游戏通常是由政客或元首自己出资举行的，为的是让民众分心，获得些乐趣，从而忘记生活中的劳苦。此外，与会者还会得到酒、油、做面包用的小麦，如果幸运的话，还会得到在战斗中死去的动物的肉。谁不喜欢熊排或野猪排呢？

⌒ 角斗士和角斗士 ⌒

虽然有些人在圆形剧场里玩得很开心，但有些人得冒着生命危险出现在竞技场里。对参与其中的许多人来说，这一点都**不愉快**。事实上，大多数角斗士都是奴隶、被定罪的罪犯或战俘；也就是说，没有人认为这些人是人，这些人只是想获得**自由**。不过，也有平民和自由民跳进竞技场，想要成为著名的角斗士。

毕竟，你很有可能会**死亡**或受重伤，但如果你赢了，荣耀就在等着你。

亚马逊和阿基利亚
这两位角斗士的战斗非常精彩，以至于他们都被评为冠军。

当角斗士获得自由时，他会得到一把这样的木剑。

角斗士在比赛组织者和教练的命令下训练。角斗武器的设计是为了向观众提供尽可能多的**血腥场面**。可以单独战斗、双人对战或团队战斗，就像在真正的战斗中一样。

斗兽士

这个专门与动物战斗的角斗士独自打败了熊、豹和狮子！

当角斗士投降时，最令人**不寒而栗**的时刻到来了，因为观众**决定**了他的生死：如果角斗士表现出色，他们会大喊"让他走"，这样角斗士就被赦免了；但是，如果观众大喊"处决他"……胜利者就会拿起刀，**杀掉**失败者。

角斗士的类型

追击角斗士

他被盔甲、头盔和大盾牌保护得很好，要注意他的直刺！

挑衅者

他手持盾牌，穿着胸甲，和对面的挑衅者进行非常平等的战斗……有时甚至是非常漫长的战斗！

色雷斯角斗士

极具魅力的一点是，他的弯曲剑旨在切割对手的手。

重装角斗士

他的盾牌很小，但要小心他锋利的长矛！

戟网角斗士

别小看他的网，更不要低估他

的三叉戟！

鱼盔角斗士

这是对古罗马军团武器的致

敬，最好不要靠近！

剪斗士

他手里拿着一把危险的刀，

最好不要把你的脸或脖子伸到他

身边去。

骑斗士

骑马是从上方进攻的绝好机会。

一切都与视角有关！

模拟海战

如果你已经对角斗士的战斗产生了幻想，请耐心等待，因为事情可能会变得更加**棘手**。这座圆形剧场可以变成一片临时的海洋！多亏了古罗马工程师的智慧，竞技场可以被**水**淹没，这样船只就可以驶进去，角斗士们将在标枪和箭雨的袭击下进行一场真正的海战。模拟海

战也有其教学意义，因为它们通常代表古希腊和古罗马历史上的**真实战斗**。

危险：溺水

如果你参加海战，最好轻装上阵，因为如果你掉进水里，你的盔甲就会阻止你漂浮！

~ 角斗场的野兽 ~

古罗马人似乎还不满足，因为除了角斗士和船只外，圆形剧场还接待了其他类型的客人：野兽！

不幸的是，野兽也未能幸免于古罗马的**残酷**。古罗马人利用他们广阔的领土，捕获**最奇异**和最可怕的野兽，并把它们带到城市来供人们娱乐。

圆形剧场中会有不同的表演：有时，两只或两只以上的野兽互相争斗；有时，他们会让一只特别饿的野兽先进入圆形剧场**处决**一名囚犯，然后是角斗士和野兽之间的战斗。这些角斗士被称为驯兽师和斗兽者，如果他们不想成为对手的**晚餐**，就必须全力以赴。

公牛：别用它们的角开玩笑，它们可以在一秒钟内让你有一个新的肚脐。

野猪：来自日耳曼的野猪，它们长着非常危险的獠牙！

熊：来自达尔马提亚，如果它们站起来，高度可以达到两米。它们与我们的毛绒玩具熊无关。

狮子：古罗马人喜欢它们。他们从美索不达米亚和利比亚抓来了很多狮子，而且几乎把它们灭绝了！

老虎：来自遥远的中亚。如果它们跳到你身上……后果可想而知。

狼：虽更容易抓获，但同样危险，因为它们速度快而狡猾。

赛车比赛

如果你喜欢速度，那么古罗马可以为你提供完美的娱乐。在剧场里腾出一个空间，准备好在**轮子**上施展魔法，开始比赛吧！

赛车是古罗马受欢迎的活动之一（也是免费的），并在赛马场举行。赛马场是一条被看台包围的长长的赛道。其中最大和最著名的是古罗马的马克西姆斯赛马场，可容纳多达 25 万名观众！

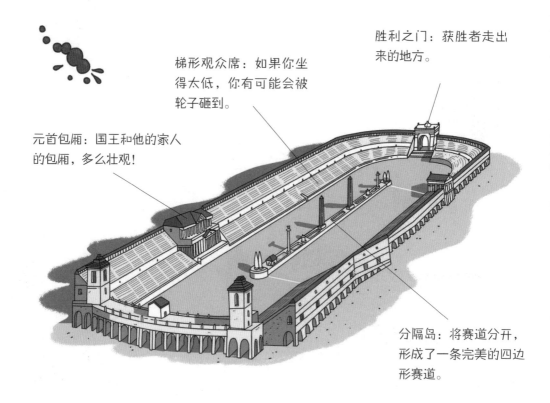

胜利之门：获胜者走出来的地方。

梯形观众席：如果你坐得太低，你有可能会被轮子砸到。

元首包厢：国王和他的家人的包厢，多么壮观！

分隔岛：将赛道分开，形成了一条完美的四边形赛道。

赛制很简单：每个参与者（被称为"赛车手"）都有一辆由两匹或四匹马拉动的手推车或"战车"。比赛包括绕跑道**七圈**，获胜者将获得桂冠、棕榈叶和大量金钱！

赛车激起了追随者的**热情**。每支"车队"的参与者都穿上不同颜色（红色、白色、蓝色或绿色）的衣服，以便观众知道在赛道上该为谁加油。毕竟，他们的移动**速度**如此之快，如果没有颜色，就无法分辨他们！

但是，正如你所知，古罗马人**热爱**血腥表演，这也体现在赛车中！组织者确保弯道足够危险以引发**事故**：是的，他们是故意的！马、赛车手和战车经常相互**碰撞**，导致非常严重的伤害甚至死亡。流血越多，观众越是欢呼！

的确，赛车手都戴着头盔以保护头部，但作为交换，他们不得不面对**其他的**危险：他们把缰绳绕在身上，所以万一摔倒，将会有许多人被高速**拖过**沙地，或者最终被后面的马**踩踏**。只有最熟练的人才能切断缰绳并逃脱死亡。

因此，在现实中，赛车手和角斗士并没有太大的不同，因为他们的表演也是专门为他们的**死亡**而设计的。事实上，他们中的大多数人都是奴隶。是的，他们是在拿生命赌博，但如果他们活得够久，赢得了很多比赛，那他们就可以获得自由并成为**名人**。

弗拉维乌斯·斯科普斯

他是古罗马优秀的赛车手之一，获胜 2000 场！他最终获得了自由，但几乎没有享受过，因为不久之后他就在一场比赛中发生了致命事故。

盖乌斯·阿普莱乌斯·戴克勒斯

毫无疑问，这就是哈德良皇帝时代的费尔南多·阿隆索。他在 25 年的赛车手生涯中，赢得了将近 1500 场比赛，并且变得非常富有！事实上，他是那个时代收入最高的赛车手。

🌿 浴场 🌿

尽管古罗马人有热血的爱好，但他们也喜欢**放松**，没有比温泉更好的放松的地方了。辛苦工作一天后，谁会对蒸汽浴或按摩说"不"呢？

在古罗马，他们相信水的**健康**功效，所以温泉浴场提供了一切：有可以强健肌肉的冷热水浴、可以锻炼身体的健身房、可以游泳的游泳池……这都要归功于地下室的**锅炉**，它们负责加热渡槽里的水。

此外，温泉浴场就像万神庙一样优雅：它们用大理石和美丽的绘画装饰，并设有花园供你漫步，非常奢华！

温泉浴场是一个安静的地方，但并不意味着它很**无聊**。温泉浴场曾经是一个社交聚会的地方，人们在那里讨论政治，谈论城市的八卦，或者为晚上聚会制订计划。就像在公园里和你的伙伴一起出去玩一样！需要注意的是这个细节：浴场开放是男女**轮流**的。上午为女人开放，下午为男人开放。

🌿 剧院 🌿

你喜欢看表演吗？如果你的答案是肯定的，古罗马有一个适合你的好地方：剧院。古罗马人除了**热血沸腾**之外，还喜欢充满**魅力**的舞台。

> 剧院的规矩是，舞台上不能发生任何血腥的事情。那是留给角斗士的！

> 你今天想要什么？笑还是哭？

在节日期间，剧院会举办戏剧表演以纪念**众神**。观众可以选择滑稽剧、笑剧、哑剧……但毫无疑问，主要作品是**悲剧**和**喜剧**。通常悲喜剧都有，每场演出可长达四小时！

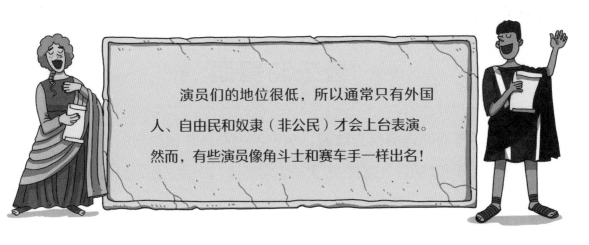

演员们的地位很低，所以通常只有外国人、自由民和奴隶（非公民）才会上台表演。然而，有些演员像角斗士和赛车手一样出名！

像古希腊人一样，古罗马人利用山坡建造剧院，以便建造梯形**看台**，例如，梅里达古罗马剧院。

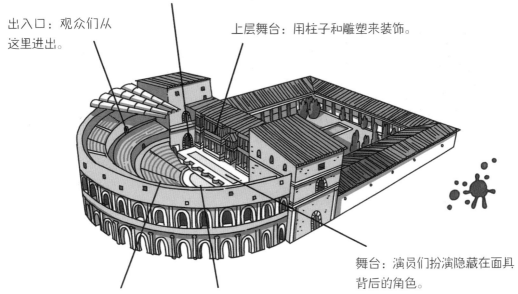

舞台入口：演员们从侧门出现。

出入口：观众们从这里进出。

上层舞台：用柱子和雕塑来装饰。

舞台：演员们扮演隐藏在面具背后的角色。

圆形观众席：它可以容纳成千上万的观众。当然，第一排是给贵族的。

管弦乐队：这里是音乐家和歌手的所在地。

音乐和舞蹈

尽管戏剧作品很受**欢迎**，但剧院也举办其他类型的演出。例如，音乐和舞蹈，它们在古罗马非常重要，因为它们最初与**宗教**活动有关。然而，随着时间的推移，它们变成了一种娱乐，**就像其他任何娱乐活动一样**。

但请注意！只有女性被允许跳舞。

好麻烦！跳舞是多么有趣！

街头甚至私人聚会上也经常有**巡回演出的音乐家**。最受欢迎的乐器是从远东带来的长笛、圆号、铙钹和风笛，但富人更喜欢精致的七弦琴，它可以用来给**诗人和歌手**伴奏。

"缪斯，我呼唤你"

当古罗马人需要灵感时，会求助于艺术女神：缪斯。这些神是朱庇特和莫内塔的女儿，她们帮助创作者实现他们的目标。你最好了解她们，在某些时候你可能需要她们的帮助！

卡利俄佩
史诗缪斯

埃拉托
抒情诗歌缪斯

克里奥
历史缪斯

欧忒耳佩
音乐缪斯

忒耳普西科瑞
舞蹈缪斯

波林尼亚
颂歌或几何缪斯

塔利亚
喜剧缪斯

墨尔波墨涅
悲剧缪斯

乌拉尼亚
天文学缪斯

帮帮我！

塔西塔
唯一真正的古罗马人。她是沉默的缪斯，后成为冥界的女神！

体育运动

掩护我！

　　幸运的是，在古罗马，除了角斗士和赛车手的血腥表演外，还有其他**运动**。例如，你可以出去跑步或游泳。虽然，并不是所有的运动都是**安全**的。

掷铁饼或标枪：古罗马人喜欢投掷东西。实际上，这是一项力量和目标的健康锻炼……但要小心误伤或撞倒路人！

骑马：骑马总是吸引人的，尤其是对于那些喜欢速度的人。但是在古罗马没有马镫，所以你必须紧紧抓住马鞍！

球：即使一个简单的球古罗马人也玩得很开心。他们经常组队比赛，用脚或者用手……

战斗：古罗马人很好战，有多种对战比赛形式，甚至还有类似于拳击的比赛！

游戏和比赛

如果你想玩**游戏**，那你很幸运！在古罗马，他们有自己的国际象棋、井字游戏和骰子游戏。但这是不好的。由于人们过去经常**赌博**，所以引起了严重的问题。因此，古罗马禁止**投注**，尽管很多时候大家对此都不予理会。

> 奥古斯都曾经在一场比赛中损失了 20 000 塞斯特斯（古罗马币）！

色子：最多先将三个色子（由象牙、木头或大理石制作而成）放入一个容器里；然后，剩下的就是召唤众神并投掷。数字最大的就赢了！

羊拐：这些由绵羊或山羊骨头制成的色子也被抛出，看看会有什么结果。但这不是看大小，而是看正反面。

危险：输不起

你可能不会输掉比赛，但要小心失去一条手臂甚至你的生命！

第五章
投入战斗

古罗马军队

如果你认为选择一份安静的工作，远离**政治阴谋**，在古罗马就能生存下来，那你就大错特错了！为了保持权力，古罗马需要**大量的士兵**。所以一旦爆发战争，所有人要做好战斗准备！

古罗马军团，由成千上万的人（啊哈，只有男人）组成，是一台强大的**战争机器**。士兵们不仅在战斗，而且在向目的地进发的同时，还负责建造军事建筑。除了军团，还有辅助军，实际上他们是战斗中的第一道防线；由于辅助军不是古罗马公民，没有人介意把他们当作**炮灰**。

几个世纪以来，古罗马军团锐不可当。但这并不代表他们没有遇到过一些**非常难对付的敌人**……请看下一页！

布匼 = 魔鬼

我们讨厌他！

汉尼拔·巴尔卡

这位迦太基将军横扫古罗马人，险些夺取古罗马城。

米特里达梯

本都王国国王害怕中毒，所以他设法使自己对毒药免疫……这就是为什么，当古罗马人要抓住他而他试图毒死自己时，毒药没有奏效！

布迪卡

当古罗马人占领不列颠时，布迪卡女王联合了不同的部落来对抗入侵者。她是反抗的领袖！

阿拉里克

这位西哥特国王自愿成为古罗马的盟友，但当古罗马拒绝支付补偿金的时候，西哥特人洗劫了古罗马。

阿提拉

匈奴国王率领他凶猛的游牧民族来到古罗马城门下。他的马所过之处，寸草不生！

请做好准备

你做好随时战斗的准备了吗？好吧，让我看看你是否符合要求······

· 单身男性：在军团中，没有女战士或已身为父亲的男人的位置。

· 身体健全：什么都不缺，连一根手指都不缺！

· 古罗马公民：非公民只能去做辅助军哦。

· 读和写：军团中没有不识字、不会写的人。

他们错过了！

作为军团士兵，你必须学会如何战斗、行军和执行其他纪律严明的任务。如果你做不到，可能会让你的队友**处于危险之中**！如果事情进展不顺利，请不要担心，一个友好的百人队长会用他的**棍棒**来激励你。

妈妈呀！

士兵！继续前行！

头盔：必不可少的保护。有时天气很热，但出汗总比丢命好！

古罗马重标枪：这种标枪是在用剑冲锋之前向敌人投掷的。每个士兵都会配备一把。

匕首：这种锋利的匕首总是很有用，无论是切牛排还是切人。

盔甲：盔甲有好几种，但都能很好地保护士兵！

短剑：这把剑很短，所以你就可以在不破坏阵形的情况下击杀敌人。

护胫：为了保护自己的腿，古罗马士兵都会佩戴金属护胫。

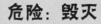

盾牌：每个士兵都带着一面巨大的木质盾牌。完美的海龟训练！

危险：毁灭

如果军团失败了，少数士兵会被随机挑选出来并被他们自己的同伴殴打致死。

战斗

军团和辅助军都是步兵，只有侦察兵骑在马背上侦察地形，有时还设下埋伏。要发动战争，你必须**步行几公里**。

更糟糕的是，每晚你都必须用军团士兵整天随身携带的木桩搭建一个坚固的**营地**，还要在营地外挖一圈环绕营地的深坑。那会休息好吗？

天哪，不！

来挖吧！

危险：不要失去鹰旗

每个军团都有一面鹰旗。如果在战斗中失去了鹰旗，他们将受到最恐怖的惩罚。

实际上，他们在遇到敌人之前，都是挺无聊的，**然后战斗开始了**。辅助军首先进攻，如果战事进展不顺利，军团就会采取行动：投掷致命的重标枪，同时射箭和投掷石头。

如果敌人仍然抵抗，军团士兵就会接着冲到他们面前，在盾牌的保护下刺伤敌人。如果敌人未能打破阵形，迟早会败北。**这将是古罗马的一场胜利**！

龟甲阵是古罗马人最好的防御。

~ 围困 ~

敌人将自己锁在有围墙的城市中会发生什么？很简单：**他们被围困了**。

有两种选择：一是包围这座城市以防止物资从外部送达，迫使他们为免于**饿死**而投降；二是直接攻城。为此，古罗马人挖掘隧道，用弹射器、弩炮和弩箭进行攻击，用攻城锤撞击城门，或者建造巨大的攻城塔来攀上城墙。没有任何障碍可以抵挡他们！

在围攻阿莱西亚时，古罗马人建造了一系列工事——陷阱和壕沟，以防止高卢人获得增援、食物和水。高卢人很快就投降了！

在围攻马萨达时，马萨达的城池在沙漠中间的高原，古罗马军团不得不建造一个巨大的沙堆才能发动攻击！攻击虽是艰难的，但他们最终赢得了胜利。

∽ 海战 ∽

在**奴隶们**不停地划船的推动下，古罗马人在三列桨和五列桨帆船上进行了重要的水上战斗。

他们在海中航行，经常袭击敌人并撞击敌船。在这种情况下，士兵们穿着盔甲，万一他们落水，很可能最终会沉入**海底**！

🌿 赏金 🌿

成为一名士兵是一种非常有效的赚钱方式。这不仅是因为他们得到了报酬，还因为军团和辅助军都可以获得**战利品**。当一个军团战胜敌人时，将军们允许他们**抢劫并带走奴隶**，然后卖掉。他们最终将钱袋装得满满的!

但这并不是军团的唯一**优势**。当军团士兵立功时，他会获得声望和大量的金钱。每一个在服役 25 年后幸存下来（这不太可能）的军团士兵都将享受**黄金退休**生活：他们可以获得土地和别墅，在古罗马一个阳光明媚的地方过上幸福的生活。

辅助军的士兵更有理由全力以赴，因为这样他们可以获得**古罗马公民身份**！

终生度假？喊，我想要古罗马人权利！

如果你被敌人俘虏了会发生什么？希望他们能让你成为奴隶。只有这样你才可能拥有一个平静的结局，可能作为一个划桨者过着充满疲劳的生活。但这比其他结局要好：被关在监狱里，折磨你……或者直接把你置于**刀**下。

危险：凯尔特的男巫

如果凯尔特人俘虏了你，他们会将你作为祭品献给他们的神明。你最终会被无情地挂在树上！

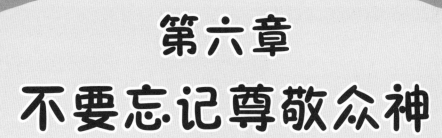

第六章
不要忘记尊敬众神

众神的起源

数千年前，当众神和泰坦统治天地的时候……

一位名叫萨图恩的神获得了神界的宝座。

但有一个预言警告他：如果他有一个儿子，儿子以后会夺走他的王位！

这就是为什么萨图恩做出了一个可怕的决定：每次他的妻子奥普斯给他生一个儿子后，他都会将其吞下！

奥普斯被丈夫的罪恶行为吓坏了，于是她想到了一个主意。

当她生下儿子朱庇特时，她捡了一块石头……

…她用毯子把石头裹起来…

萨图恩受骗了！他以为石头是他的儿子，并吞下了它。奥普斯把孩子藏起来，直到他长大。

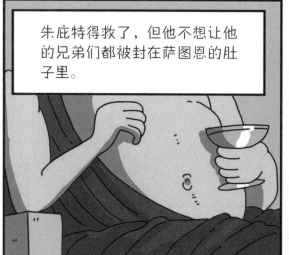

朱庇特得救了，但他不想让他的兄弟们都被封在萨图恩的肚子里。

于是他往父亲的杯子里倒了一瓶药水……

萨图恩把他所有的孩子都吐了出来！

萨图恩大怒，与朱庇特对峙。那场血腥的战争持续了多年……

KO

朱庇特

萨图恩

啪

万神殿

朱庇特（宙斯）

他是主神，代表正义，**你最好让他喜欢你，如果**……野蛮人要占领你的城市，只有他能救你！**如果你不想惹他生气**……就别管朱庇特的老鹰吧！

朱诺（赫拉）

婚姻和女性的守护者。她是宙斯的姐妹和妻子。**你最好让她喜欢你，如果**……你想有一个弟弟或妹妹。**如果你不想惹她生气**……千万别让她知道宙斯拈花惹草。

墨丘利（赫尔墨斯）

商业之神，旅行者之神……以及盗贼之神。他的鞋子有双翅。**你最好让他喜欢你，如果**……你想在事业上取得成功。**如果你不想惹他生气**……给送货上门的快递员小费吧。

不可思议！这些神都来自希腊！

尼普顿（波塞冬）

海洋和深渊之神。他是朱庇特的兄弟。**你最好让他喜欢你，如果**……你打算今年夏天去海滩。**如果你不想惹他生气**……就不要往大海里扔垃圾，不要影响鱼的生活环境。

普鲁托（哈迪斯）

冥界之神。他是朱庇特的兄弟。**你最好让他喜欢你，如果**……你不想受到永恒的惩罚！**如果你不想惹他生气**……就别在洞穴里乱涂乱画。地下的一切都是他的王国！

密涅瓦（雅典娜）

智慧与勤奋女神。没有比她更聪明的人了！**你最好让她喜欢你，如果**……你很快就要参加重要的考试。**如果你不想惹她生气**……那就别惹猫头鹰。不，没开玩笑，我是认真的。

克瑞斯（德墨忒尔）

农业女神。从来没有人像她这么爱麦穗。**你最好让她喜欢你，如果**……你想在你的花园里种上美味的洋葱。**如果你不想惹她生气**……你最好吃蔬菜，它们非常健康。

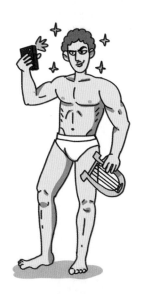

福玻斯（阿波罗）

英俊的艺术和光明之神。一个有影响力的神！**你最好让他喜欢你，如果**……你想成为明星。**如果你不想惹他生气**……那你就要意识到长笛不是你擅长的，放弃那些难以忍受的哔哔声吧！

狄安娜（阿尔忒弥斯）

狩猎与自然女神。她眼睛看向哪里，箭就会去到哪里！**你最好让她喜欢你，如果**……你想在玩飞镖的时候瞄得准。**如果你不想惹她生气**……就不要在田野里乱扔垃圾。如果她抓住了你，她会把你变成一只鹿！

玛尔斯（阿瑞斯）

战争之神，也是植物和牲畜之神。**你最好让他喜欢你，如果**……你想粉碎你的敌人。或者，如果你想让你的奶牛健康强壮地成长！**如果你不想惹他生气**……好好对待供给你羊毛的羊。

维纳斯（阿佛洛狄忒）

美丽与爱的女神。事实上，她是丘比特的母亲！**你最好让她喜欢你，如果**……你爱上了某人，她可以帮助你！**如果你不想惹她生气**……你最好自己振作起来，别弄得一团糟！

伏尔甘（赫菲斯托斯）

火神。他是制作金属小工具的好手！**你最好让他喜欢你，如果**……你需要锻造一把剑（或配一把钥匙）。**如果你不想惹他生气**……就不要在废话上浪费工夫。

《埃涅阿斯纪》

既然你已经认识了众神，你可能想知道罗慕路斯和雷穆斯是哪一个神的后裔……你觉得会是谁？

幸运的是，一位名叫维吉尔的诗人写了一部非常重要的作品，给了我们所有的答案。开头对你来说可能听起来很熟悉……

很久以前，一位名叫**帕里斯**的特洛伊王子受命去古希腊的一个海岛办事，回特洛伊时，带走了斯巴达国王墨涅拉俄斯美丽的妻子**海伦**。

古希腊人对这一事件非常愤怒，集结了一支庞大的**军队**渡过大海，向特洛伊城发起进攻，以夺回海伦并**征服这座城市**。经过一场英雄和众神参与的漫长战争，古希腊人摧毁了特洛伊并夺回了他们的王后。

但如果你认为这是特洛伊人的**终结**，那你就错了！一位名叫埃涅阿斯的英雄是女神维纳斯的儿子，他召集了一些亲人和朋友，为躲避古希腊人，他们踏上了漫长的海上旅程。

在旅程中，他们历经千辛万苦，不得不面对极大的**危险**，但幸亏有维纳斯相助，他们终于到达了大陆，并在七座山之间的山谷中定居下来。多年后，埃涅阿斯的后代，由狼哺乳抚养的双胞胎孩子长大后建立了**古罗马**。

古罗马宗教

如你所知，根据传说，古罗马人是众神的后裔……当他们需要什么时，他们可以无所顾忌地求助于众神。对古罗马人来说，宗教是**为人服务**的，而不是人为宗教服务。这意味着，当他们向神祈祷和献祭时，这样做不仅是为了取悦众神，更是为了获得**利益**。

有几十种祈求神恩惠的仪式，比如，为了纪念维斯塔而点燃火焰，或者向战神献祭小牛、绵羊和猪（之后总是会举行盛大的宴会）。

在古罗马人的房子里设有小**祭坛**，他们经常举行这类仪式，但**公共仪式和庆祝活动**也会在神庙里举行。其中最重要的一个是农神节。

农神节

这些献给农神的庆祝活动从 12 月 17 日至 23 日举行，以庆祝一年辛苦工作的结束。街道上灯火通明，有宴会……

你知道什么是最好的吗？古罗马人交换了身份：奴隶变成主人，主人变成仆人。因此，社会的自然秩序就颠倒了，每个人都有几天可以从他们的义务中解放出来。这可能就是为什么它被称为"一年中最快乐的时光"。

12 月的礼物、灯光和盛宴？听起来是不是很熟悉？

当然！祝您愉快……农神节属于所有人！

另一个世界

如你所见，在古罗马生存并不容易。一杯有毒的饮料，一场意外的火灾，还有战争……你已经在去往**冥界**的路上了！

要到达那里，你必须穿过将生者世界与死者世界隔开的阿刻戎河。你必须**付钱给摆渡人卡戎**，但不要害怕！在你的葬礼上，你所爱的人会小心翼翼地把一枚硬币放在你的嘴里。因此，您将毫无困难地穿越到冥界，普鲁托和他的妻子普洛塞庇娜在那里等着你！

然而，在**生者**的世界里，事情并没有就此结束。当一个人去世时，他的亲友会伴随着音乐送葬，并在亲人代表致悼词后，将尸体放在**柴堆**上火葬。火熄灭后，他们将骨灰收集在一个骨灰瓮中。

最富有的人会把骨灰瓮放在骨灰龛里，这是一个安置在地下的石雕架子，架子上存放着其他家庭成员（包括他们的奴隶！）的**骨灰**。虽然地上也有**坟墓**，比如，古罗马巨大的图拉真纪念柱，里面安放着图拉真和他的妻子庞培娅·普罗蒂娜的骨灰。

而穷人和大多数奴隶则被扔进一座**集体公墓**，然后火化。

不要忘记他们的脸
由于当时没有照片，古罗马人曾经用死者的脸制作蜡质面具，然后保存下来，或者制作一个大理石版本，并将它们展示在住宅中。就像一本浮雕相册！

好吧，这令人毛骨悚然！

危险：诅咒
一些古罗马人在墓地里留下了带有诅咒的石碑，让灵魂骚扰他们的敌人。

外国宗教

事实上，古罗马人在宗教方面并不挑剔，因为他们毫不犹豫地从希腊"引进"了他们的主神，而且他们也不需要付出任何代价来适应其他**外国神灵**。

伊西斯

征服埃及后，古罗马人很快就开始崇拜伊西斯。她是母性、灵魂救赎、忠贞女神和生育女神。总之，她无所不能！也许这就是她如此受欢迎的原因。

众神之星伊西斯来了！

密特拉

这个波斯神被描绘成杀牛者，象征着抵御攻击；而且他是人类的保护神，所以军团将他引入古罗马也就不足为奇了。崇拜他的秘密宗教不接受女性入教。

你不觉得某个著名的喷泉也叫这个名字吗?

西贝莱斯

当古罗马人到达弗里吉亚（现在的土耳其）时，他们很快就崇拜了这位代表大地母亲的女神，因为他们在她身上看到了古罗马主要众神的母亲。西贝莱斯坐在一辆由狮子拉动的战车上，象征着自然的力量。

基督教

1 世纪，当基督教在巴勒斯坦兴起时，问题就出现了。这个新的宗教并没有取悦当时的古罗马统治者，因为它不承认皇帝的**神性**，所以统治者不肯接受它！早期的基督徒在地下墓穴等地方举行秘密集会，但如果他们被抓到……他们会被直接扔给圆形剧场里的**狮子**。多么可怕！

即便如此，基督教还是取得了成功：随着时间的推移，它拥有越来越多的**追随者**，甚至在 380 年，基督教成为古罗马国教。古罗马人几乎都是基督徒！

第七章
幸存下来的有什么

古罗马的遗产

人们通常说古罗马在 476 年**陷落**。的确，首都在君士坦丁堡的东古罗马帝国，一直持续到 1485 年。在那 1000 年里，它试图**收复**一些领土。但现实是，我们所知道的古罗马**在很多个世纪前**就消失了。

但是，如果你遵照这本指南并幸存了下来，你现在就能完美地认识到古罗马的**遗产**其实一直延续到今天！

- **基础设施**（如下水道和渡槽）持续使用了几个世纪，其中有许多至今仍屹立不倒！

- 古罗马人在**哲学**方面做得非常出色，收集了数百部古希腊作品并创作了自己的作品，这些作品对人类的发展至关重要。

- 在**文学**方面，古罗马给我们留下了非常重要的文学作品，如维吉尔的《埃涅阿斯纪》。

你还记得这一切吗？

- 古罗马**艺术**，特别是建筑和雕塑，为后来的许多艺术家提供了灵感，特别是在文艺复兴时期（16世纪），古代的艺术风格重新焕发了光彩。

- **古罗马法**是当今许多国家法律的基础。

- 当帝国将基督教定为官方**宗教**时，基督教得到了极大的发展，很快就传播到世界各地。

- 今天的许多**语言**，即所谓的"罗曼语"，都来自拉丁语，即古罗马的语言，其中包括西班牙语、法语、意大利语、古罗马尼亚语……

恭喜你，
幸存者！

既然你知道了在这个时代生存的所有关键，就**没有什么危险**可以打败你了！穿上你的束腰外衣，献上几件祭品给当天值班的神，并准备好迎接你生命中最伟大的冒险。**古罗马等着你**！

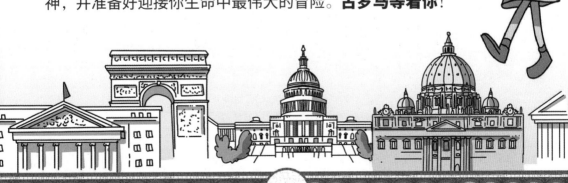

你想了解更多的时代吗?
该系列还有:

如果你生活在古代

如何在中世纪生存

[西] 胡安·德·阿拉贡　著

墨墨　译

北京理工大学出版社
BEIJING INSTITUTE OF TECHNOLOGY PRESS

图书在版编目（ＣＩＰ）数据

如何在中世纪生存 /（西）胡安·德·阿拉贡著；
墨墨译. -- 北京：北京理工大学出版社，2024.5
（如果你生活在古代）
ISBN 978-7-5763-3650-4

Ⅰ.①如… Ⅱ.①胡… ②墨… Ⅲ.①世界史 – 中世
纪史 – 通俗读物 Ⅳ.①K13-49

中国国家版本馆CIP数据核字（2024）第046933号

Title of the original edition: **Como sobrevivir a la edad media**

© Text and illustrations: Juan de Aragón, 2022

Originally published in Spain by grupo edebé, 2022

This translation is published by arrangement with EDEBE EDUCACIÓN, S.L. through Rightol Media.

北京市版权局著作权合同登记号 图字：01-2024-0447

责任编辑：李慧智　　　文案编辑：李慧智
责任校对：王雅静　　　责任印制：李志强

出版发行 / 北京理工大学出版社有限责任公司
社　　址 / 北京市丰台区四合庄路 6 号
邮　　编 / 100070
电　　话 / （010）68944451（大众售后服务热线）
　　　　　（010）68912824（大众售后服务热线）
网　　址 / http：// www.bitpress.com.cn

版 印 次 / 2024 年 5 月第 1 版第 1 次印刷
印　　刷 / 天津睿和印艺科技有限公司
开　　本 / 710 mm × 1000 mm　1/16
印　　张 / 27
字　　数 / 192 千字
定　　价 / 168.00 元（全3册）

历史侦探的生存指南

还有比中世纪更神奇的时代吗？这是一个无与伦比的时代，充满了伟大的神话和传说，故事中正义的英雄和国王与邪恶的黑暗势力做斗争。这些壮举充满了危险，但总是以圆满结局快乐地结束。想想看，骑士、王子和公主、龙和巫师……

准备好你的坐骑，
踏上中世纪的冒险之旅！

虽然这些故事令人非常兴奋，但中世纪并不像他们描绘的那样。没有龙，没有独角兽，也没有巨人、矮人或精灵……这一切都是**传说**！

很少有时代像中世纪那样**致命**。那是 **1000 多年前**的事了，在那段时间里，人类不得不面对各种各样的问题：从疾病到可怕的惩罚……更不用说**掠夺者**了！！

什么，你还想参观这个黑暗而残酷的时代吗？所以你打开这本书是对的！多亏了这本**生存指南**，你将学会如何在如此多的威胁中生存，还可以避免偶尔被马踢一脚。去吧，中世纪时代在等着你！

目 录

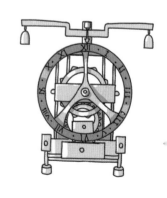

第一章

新的觉醒

✿ 什么是中世纪 ✿

我相信，如果有人问你中世纪是什么，你会回答这是一个**历史时代**。但这并不完全准确。中世纪到处都存在并发生过吗？例如，我们能谈谈中世纪的美国吗？

纵观历史，有**很多文明**以不同的方式发展着，所以并不是所有的概念都适用于每个地方。中世纪是一个时代，但仅在特定地区是一个时代！这种划分适用于**欧洲和中东**。其他文明……在另一个时代。

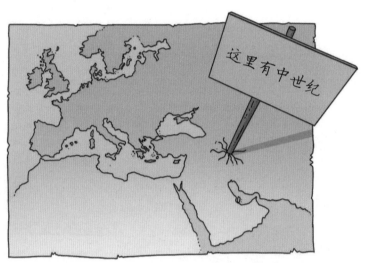

另外，不要以为中世纪的居民已经这样称呼他们的时代了。中世纪的概念出现得稍晚一些，它出现于**文艺复兴**时期，即 15 世纪末。

文艺复兴时期的艺术家和智者都热爱古典世界，他们恢复了许多**古希腊和古罗马**的东西，并将其应用到他们的艺术和哲学中。

当他们回顾过去的时候，**古典时代**已经离他们很远了，和他们之间有**1000 年**的历史！因此，文艺复兴时期的人把从 476 年西罗马帝国灭亡以来的时间称为中世纪，直到 1492 年哥伦布抵达美洲，这标志着所谓**近现代时代**的开始。

古典时代的终结

　　尽管昔日辉煌，但在 3 世纪，罗马帝国开始陷入**危机**。由于它的规模如此之大，没有足够的军队来保护它免受敌人的侵害，而且敌人数量众多，也没有足够的资金来招募和留住更多的士兵。如果这还不够，罗马贵族们也没有停止彼此之间的**阴谋暗算**。整个罗马帝国一片混乱！

　　因此，在 395 年，狄奥多西皇帝暂时将这片领土**划分**给了他的两个儿子，希望罗马帝国能够复兴。

西罗马帝国，首都在**罗马**，统治者是霍诺里乌斯；东罗马帝国，首都在**君士坦丁堡**，统治者是阿卡狄乌斯。

东罗马

西罗马

但是一个比另一个做得好得多……猜猜是哪个？

轮到你来选择了！

✤ 西罗马帝国 ✤

霍诺里乌斯即位时，只有 **10 岁**。你能想象当你这么大的时候，会掌管从葡萄牙到希腊的领土，包括北非的大部分地区吗？

这听起来可能很酷，但是，当有一群**暴徒**试图入侵你的帝国时，统治就没那么有趣了。苏维人、汪达尔人、阿兰人、东哥特人、西哥特人、匈奴人……侵略者没有给罗马喘息的机会。虽然花了一段时间，**哥特人**终于在 476 年罗慕路斯·奥古斯都统治期间到达了首都罗马。这也是西罗马帝国的**结束**。

这一历史事件标志着古典时代的结束和中世纪的开始。

✤ 东罗马帝国 ✤

如果你选择了东罗马帝国，你就如同选择了**获胜的马**。因为帝国的这一半地区更加富有，并且拥有一些强大的防御工事。在位于战略要地的首都**君士坦丁堡**，阿卡狄乌斯的军队成功**击退**了西哥特人。东罗马赢了！更重要的是，它继续存在了 **1000 年**，经济以农业、商业贸易和奢侈品手工业为主。东罗马帝国于 1453 年被奥斯曼土耳其人**征服**。

如果君士坦丁堡的陷落是标志着中世纪结束的事件之一，那就意味着罗马的一部分在中世纪仍然存在！

如果你搞不清楚东罗马帝国的首都，那是因为有一个陷阱，看！

君士坦丁堡有很多名字：它也被称为**拜占庭**（因此，东罗马帝国也被称为"拜占庭帝国"），就是现在的**伊斯坦布尔**。

中世纪的开始

中世纪开始于 5 世纪，当时的情况甚至比古典时代还要复杂一些。西罗马帝国没落，**日耳曼民族**（罗马人称之为"蛮族"）

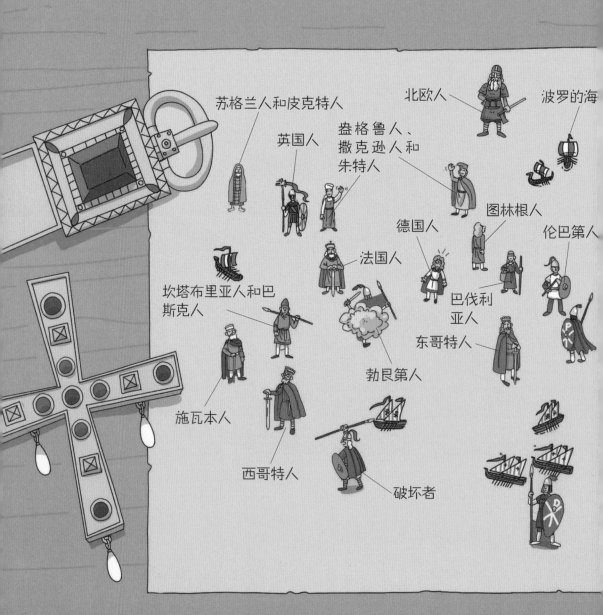

苏格兰人和皮克特人

英国人

盎格鲁人、撒克逊人和朱特人

北欧人

波罗的海

图林根人

伦巴第人

德国人

法国人

坎塔布里亚人和巴斯克人

巴伐利亚人

东哥特人

勃艮第人

施瓦本人

西哥特人

破坏者

兴起，他们在不同的地区建立了自己的王国。在日耳曼人的冲击下，
没落的罗马帝国**一分为二**。当然，这并不代表他们就放弃了对其他领
土的**争夺**。毕竟，他们不是朋友，他们都喜欢征服！更不用说东罗马
帝国了，**他们也做了很多**，试图以古罗马的名义收复土地……

在王国之间的边界上，总是有很多战斗。相信我，你不会感到无聊的！

东方游牧民族

斯拉夫人

当日耳曼人向西推进时，哥特人放弃了他们的领土……而斯拉夫人紧随其后！

东罗马人

萨珊波斯人

阿拉伯人

加洛林帝国：失败的罗马

这是一个关于梦想的故事，一个非常有雄心的梦想。你想听吗？768 年，**查理**在他的父亲矮子丕平去世后，被加冕为法兰克国王，建立了加洛林王朝。他是古罗马的忠实粉丝，因此开始了重建罗马帝国的计划。是的，是的，正如你所了解的那样！

为了统一领土，他利用**外交**手段，发动**战争**，可以说他取得了一些成功，因为加洛林帝国开始覆盖欧洲的中心。他获得了如此巨大的权力，以至于教皇利奥三世亲自为他加冕，以换取他的支持和保护。

然而，重建罗马帝国的计划并没有成功，在查理大帝**死**后，他的继承人将帝国瓜分了，它只持续了 **43 年**！当然，并非一切都是徒劳的，加洛林帝国被一分为三，这三个王国就是德意志第一帝国、法兰西王国和意大利王国的雏形，它们对中世纪欧洲历史起着非常重要的作用！

别担心，因为即便如此，中世纪还是动态发展的。看！

中世纪是一个充满巨大社会变革的**千年**，因此通常将其分为两个大的阶段，每个阶段都有自己的特点：**中世纪早期**和**中世纪晚期**。你想在哪个时期生存？

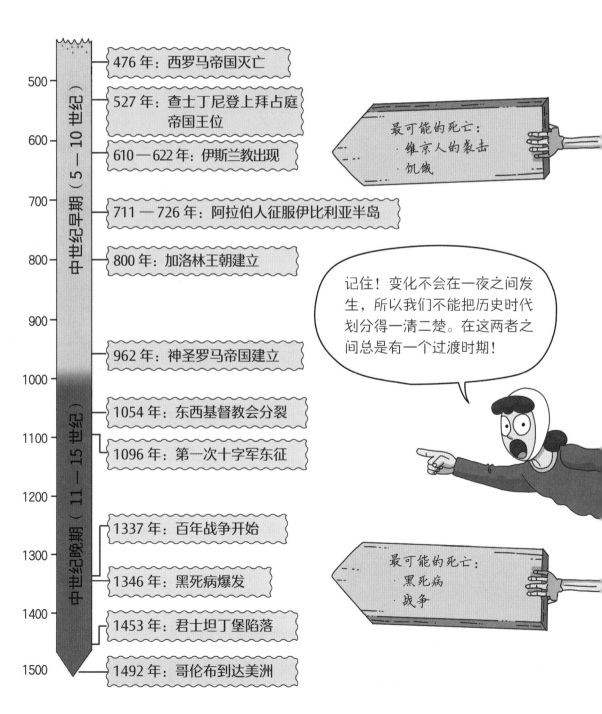

❧ 中世纪早期 ❧

正如我们所看到的，在中世纪早期，欧洲被划分为几个由不同的**蛮族**部落统治的王国。当然，称他们为"蛮族"的是罗马人，这些日耳曼民族与罗马人的相似程度比他们想象的要高得多：他们是**基督徒**，并采用了许多**罗马习俗**。

事实上，尽管日耳曼人在征服罗马帝国时**摧毁**了城市，但日耳曼民族在许多**罗马帝国制度**的基础上组织了自己的王国。事实证明，他们也是罗马帝国的粉丝！

> 抄袭！

然而，很明显，此后几乎一切都和以前不一样了。在城市被**摧毁**和**遗弃**之后，大多数人口返回农村：宗教人士撤退到孤立的**修道院**，普通人聚集在易于防御的**小村庄**。

由于不再与遥远的地方有任何贸易或接触，所以村民们靠他们自己生产的东西生活。村民们主要从事**畜牧业**和**农业**；而且，如果你有一点技能，可以尝试**手工制作**一些基本的工具。坏的方面是什么？ 天气可能会让你**没有食物**吃，如果**封建领主**来打扰你，你就更明白这一点了。

更不用说入侵者了……

嗯……入侵者？

快点！维京人来了！

要了解更多关于封建领主的信息，请跳到第 31 页。

✠ 维京人来了 ✠

从 8 世纪到 11 世纪，日耳曼王国不得不应对被称为维京人的海盗。维京人会来到一个沿海城镇，掠夺他们所能**洗劫**的一切，然后离开。就这样！

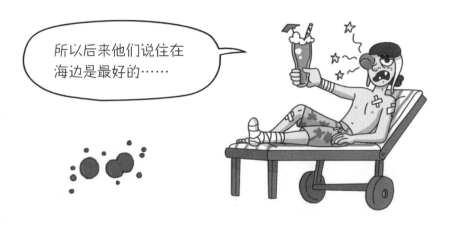

所以后来他们说住在海边是最好的……

但**维京人**是谁呢？实际上，"维京"这个词并不是指他们的起源，而是他们的活动。我们可以将其翻译为"**冒险家**"，因为维京人可能是海盗、商人、雇佣兵、征服者……或兼而有之。

维京人来自**斯堪的纳维亚半岛**，虽然斯堪的纳维亚人也从事畜牧业和农业，但在**寻求财富**方面，他们比日耳曼人更诡计多端。当时，几乎没有一个日耳曼王国拥有一支像样的军事舰队，因此维京人可以轻松地在海上航行。事实上，他们甚至可以在内陆城市登陆，因为他们的桨船可以**沿着通航的河流**上岸。

> 他们沿着瓜达尔基维尔河逆流而上，攻击了现在的塞维利亚。想想都很恐惧！

　　爱尔兰海岸成为他们最喜欢的目的地之一，因为他们在该地区的修道院中发现了**很多黄金**。他们不仅仅是掠夺者，还是探险家！他们到达了冰岛和纽芬兰（现属加拿大；是的，是的，美洲！）等**偏远地区**，并在东欧建立了城市。他们的名气如此之大，以至于拜占庭帝国都雇用他们作为瓦兰吉卫队的士兵，瓦兰吉卫队是皇帝的**私人卫队**。何等荣耀！

❧ 伊斯兰教 ❧

7 世纪，当日耳曼人在欧洲建立他们的王国时，**阿拉伯**出现了一种新的宗教：**伊斯兰教**。

穆罕默德，听着：你必须传播伊斯兰教。

大天使加百列？

伊斯兰教借鉴了一部分**犹太教和基督教的传统**，但由于其先知**穆罕默德**的出现，它独立发展了起来。据说穆罕默德在大天使加百列的授意下使几个部落皈依了伊斯兰教。他的拥护者越来越多，最后他设法占领了伊斯兰教的圣城**麦加**，并在那里统治多年。直到 632 年穆罕默德去世时，大多数阿拉伯人都信奉伊斯兰教，不再信仰古老的多神教。

但历史并没有就此结束。**穆罕默德**的继任者，想要扩大他们的领土。他们在短短一个多世纪的时间里征服了许多领土。这不仅归功于他们优秀的**士兵**，也归功于他们与被征服人民之间建立的"**契约**"：尊重他们的财产，原则上尊重他们的信仰（尽管犹太人和基督徒必须缴纳特殊的税收）。

强大的**伊斯兰帝国**就这样形成了，它从印度延伸到北非，一直延伸到伊比利亚半岛，他们称之为安达卢斯。你听说过吗?

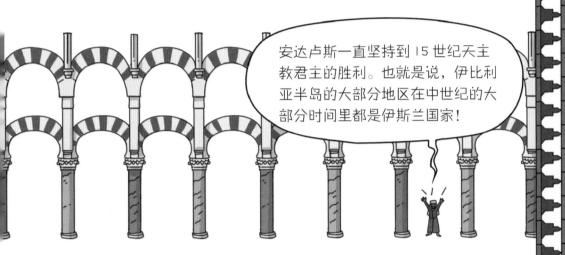

安达卢斯一直坚持到 15 世纪天主教君主的胜利。也就是说，伊比利亚半岛的大部分地区在中世纪的大部分时间里都是伊斯兰国家！

在这个帝国扩张之后，曾经完全属于罗马的地中海地区**被分为**三个部分：日耳曼王国、伊斯兰帝国和东罗马帝国。

注意，因为这会给我们带来很多问题……

中世纪晚期

在充满**入侵、饥荒和苦难**的几个疯狂的世纪之后，中世纪晚期开始走上正轨：一方面气候缓和，另一方面农作物有了不同的创新。因此，收成有所改善，欧洲和中东的**人口**也显著增长。现在人更多！

当然，村庄开始变得越来越小。这就是**城市**和**商业**回归的表现，当然，这也产生了后果：职业成倍增加，金钱开始填满非贵族人士的口袋。**资产阶级**就是这样诞生的，这将**颠覆**中世纪的社会。

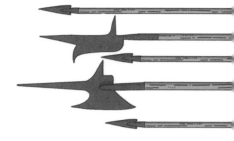

并且，王国关系也非常紧张。在中世纪晚期，更多的王国是根据**王朝之间的征服和条约**来定义的，例如，英格兰、卡斯蒂利亚、阿拉贡、法国、葡萄牙和斯堪的纳维亚半岛上的国家。但权力总是**被鲜血染红**的，中世纪晚期的人们也不得不面对重要的战争，如十字军东征或百年战争……这些战争造成了很多很多人**死亡**。

但这并不是那个时代最**致命的**。正是在中世纪晚期，出现了一些非常危险和微小的东西……小到肉眼看不见。

你敢去探索吗？

✤ 1346 年：恐怖年鉴——黑死病 ✤

随着新的贸易路线的开通，商人们开始**长途旅行**。当他们从一个地方到另一个地方时，他们什么都带着：啮齿动物、虫子、**细菌**……恰恰是一种细菌——鼠疫耶尔森菌，导致了这场悲剧。这是一种传染性极强的**病菌**，可以在 24 小时内**结束一个人的生命**！

1346 年，克里米亚半岛的卡法城（今费奥多西亚）的病例开始成**倍增加**，那里的热那亚商人立即**逃离**。他们安全抵达意大利……但在他们的船舱里也有老鼠，而老鼠又携带了**受感染的跳蚤**：这种危险的虫子才是真正的传播者。

很快，黑死病就**蔓延**到意大利和法国的港口城市，直到影响了整个欧洲大陆。不幸的是，当时的医学不是很发达，人们**不知道**为什么会得这种病以及如何避免……只能把自己托付给上帝了。

据统计，有近**三分之一**的欧洲人口直接或间接地死于黑死病。还不止如此，因为当时的田地和牲畜都无人照料，这就导致流行病过后，一场**大饥荒**来了。这可不是生活在中世纪的好时机！

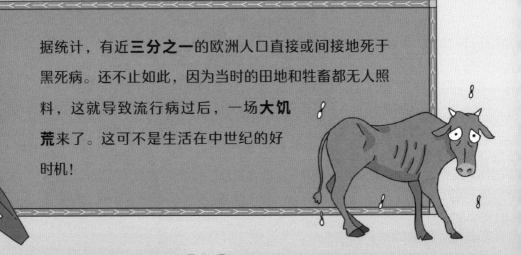

✤ 海运 ✤

抛开黑死病不谈，可以肯定的是，商业航海为押注它的王国带来了巨大的**财富**。

在中世纪晚期，葡萄牙、卡斯蒂利亚和阿拉贡等王国开始**深入了解**它们周围的海洋，并加强了与**远至**印度或中国等地的联系，因为在那些国家可以获得有价值的产品，如丝绸或用于烹饪和制作香水的香料。他们一直在寻找**提高**航行速度和路线安全性的方法，因为有许多货船最终**遭遇海难**而沉没。

特别是在 15 世纪，航海技术随着**三桅帆船**的出现而得到
改进。三桅帆船是一种能够行驶得更快、更远，货舱里能装
更多货物的船。此外，**制图**（地图设计）
技术也得到了完善，水手们开始
使用**星盘、指南针**和**象限仪**等
导航仪器。

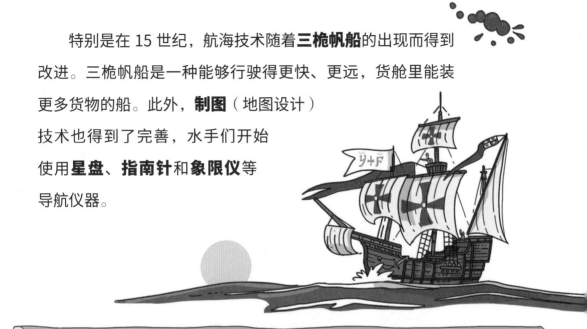

最直接的路线

葡萄牙绕过非洲海岸，开辟了第一条通往印度的道路。但是，是
否可以通过危险的、未被探索的**大西洋**到达亚洲呢？

这是一位名叫**克里斯托弗·哥伦布**的经验丰富的热那亚水手的
提议，他在 1492 年获得了卡斯蒂利亚和阿拉贡共治女王与国王的
资助，以支付他冒险远征的费用。正如你可能想象的那样，这
次旅行的高潮是抵达欧洲人未知的大陆，
随后**征服**了它，标志着中世纪的结束，
但这是另一个故事。

第二章
权力游戏

致敬行为

（如何成为中世纪的领袖）

在城堡中举行了最重要的封臣仪式：封臣将宣誓效忠他的国王！

主啊，我要成为你的人！

我欢迎你，我把你当作一名封臣。

为了证明他的承诺，封臣在《圣经》上发誓，为国王和士兵提供建议和帮助。从现在开始，这将是他的职责！

我将以正确的信仰忠于你，没有邪恶的诡计，像一名信徒对他的主一样，没有故意的欺骗。

他们会亲吻对方脸颊，以示达成协议。

我接受你，把你当成一名封臣，亲吻你作为信任的标志。

唉，那个胡子刺痛我了！

作为一种象征性的姿态，封臣得到了与封地（他将从此刻开始统治的地方）有关的某种东西，"某种东西"可能是一点土壤、水果或谷物。

然后，国王用剑触碰他的肩膀和头，正式授予他封地……

最后任命他为封建领主。

恭喜！你现在是中世纪有权势的人之一！

但封建领主究竟是什么？他们从何而来？

封建主义的到来

如你所知，当日耳曼国王**摧毁**罗马帝国的城市后，人们分散在农村自给自足的村庄里。这似乎是**很简单的**事情，对吧？但是，如果每个人都想占领大片领土……当我们必须保卫大片领土免受**战争**侵害时会发生什么？

这就是问题所在：日耳曼王国之间一直在互相攻击，到了 9 世纪和 10 世纪，随着新**威胁**的出现，例如，诺曼人、穆斯林和匈牙利人中的入侵者，情况变得更加严重。一个只有一支军队的国王怎么能应对这一切？他没有**足够**的部队或行政部门来应对这么多敌人。

因此，**封建领主**出现了：国王给了他们一小部分国土（封地），他们必须在那里征税并伸张正义；作为交换，封建领主会组建自己的军队，**并以国王的名义**保护人民。

当然，并非一切都像他们谋划的那样美好。封建领主要向国王宣誓效忠，是的，他们是国王的封臣……但他们也成了王国的**贵族**，很快他们就拥有**强大的力量**。谁说他们不能为所欲为，甚至凌驾于国王之上？

让我们看看战斗的统计数据如何……

危险：封建领主的心血来潮

如果你的君主想向你征收重税，请在拒绝之前仔细考虑！你最终可能会失去理智……

国王

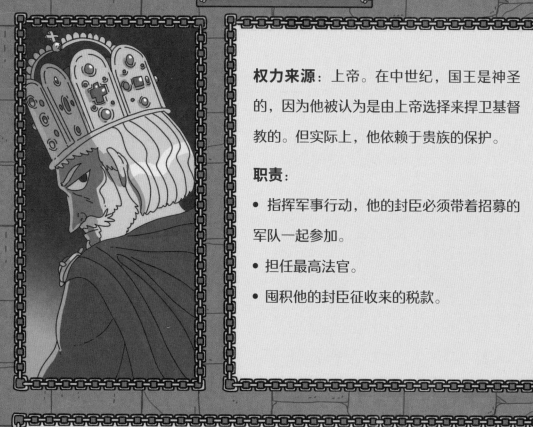

权力来源：上帝。在中世纪，国王是神圣的，因为他被认为是由上帝选择来捍卫基督教的。但实际上，他依赖于贵族的保护。

职责：

• 指挥军事行动，他的封臣必须带着招募的军队一起参加。

• 担任最高法官。

• 囤积他的封臣征收来的税款。

支持者：

• 宗教当局，主教和神父掌权。

• 皇家委员会：国王的顾问们可能看起来很有帮助，但他们通常只是在附和，并对国王几乎所有的决策都说"是"（为此收取大笔费用）。

弱点：依靠贵族的支持来维持他的权力（甚至生命）。

封建领主

权力来源：国王……但不完全是。通过签署附庸条约，封建领主宣誓效忠君主。然而，有些人与其他重要人物结成了联盟……他们的士兵服从他们，而不是国王。所以如果他们不能自控……他们会把事情搞得一团糟！

职责：

- 征收整个王国所需的税收。
- 保护他的封地不受入侵。
- 在战争中指挥他的部队（称为随从）。

支持者：

- 其他贵族和教会人物，他们总是喜欢隐藏自己。
- 他的士兵。

弱点：如果他与国王不和，并对其他贵族的封地感兴趣，就会自寻死路。

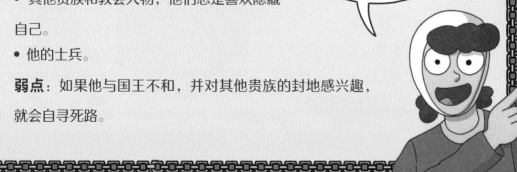

但是等等，在中世纪还有更多选择！

社会阶层

11 世纪拉昂主教阿达尔贝隆说，世界应该以下列方式运作：有些人祈祷，有些人战斗，有些人工作，所以所有人都相辅相成，不可或缺。

很明显，世界可以以许多不同的方式运作，但善良的阿达尔贝隆的话只是描述了他所知道的：在中世纪鼎盛时期占主导地位的**社会**。在这种社会结构中，可以分为阿达尔贝隆所说的三个群体，也称为**"等级社会"**。

在中世纪晚期，一个新的阶层将会出现，这将彻底改变中世纪社会，但我们不要走得太远！

别担心，到第 52 页我就出现了。

国王位于权力的金字塔顶端，他一心扑到战争中，无聊的时候打猎、组建后宫和选择继承人。

特权

贵族：统治封地及其家族的领主。多亏了在他们的土地上耕种的村民，他们因此获取金钱以供生活用度，而整天（几乎）不必做任何事情。

神职人员：教会的代表。虽然他们属于特权群体，但他们有不同的类别，有些人在土地上劳作，有些人像国王一样生活。

没有特权

农民和工匠：他们几乎吃不饱，通常是封建领主的农奴，也就是说，他们在主人的土地上耕作（给了主人大部分的收获）以换取保护。

尽管特权阶层只占人口的一小部分，但他们拥有很多的权力和利益。他们拥有土地（你知道，封地），不缴纳税款，王国为他们保留了高级职位（因为他们有关系）。相比之下，绝大多数人缺乏权利和特权。

贵族

所以你想成为一个贵族，是吧？这不是一个糟糕的选择，因为在中世纪的**鼎盛**时期，每个人都想成为贵族。但你确定这就是你想要的生活吗？

是的，当然，你不必**从早到晚**地工作，但你也必须**早起**！一个好的贵族应该早起、祈祷和立即吃早餐，以充分利用这一天。请记住，封建领主具有**军事职能**，所以他们花了很多时间训练他们的部队，检查岗哨，更重要的是，他们要练习剑术，以便不得不在某些时候参加**战斗**。

危险：马被绊倒

如此多的骑行可能会是非常错误的选择……尤其是当你的马被绊倒了，你也会在地上摔一跤！

当然，这不包括**女士**。她们大多致力于更平静的活动，例如，刺绣和演奏乐器（她们生活的一部分就是这些，因为她们的受教育水平反映了她们是哪个**血统**）。在日常工作中，女士们负责家庭事务，例如监督仆人和家务。但她们也肩负着传授家庭**传统**给子女和家庭成员，并确保他们接受**教育**的重要任务。

然而，在中世纪，也有女性摆脱了这样的角色。请到第 48 页去了解她们！

玩得愉快

贵族的地位和特权不仅仅通过家族血统和封地彰显，休闲时间也是贵族享有的特权之一：他们喜欢在仆人和狗的陪伴下去打猎、骑马、组织宴会，享受音乐家和吟游诗人来到他们的城堡里演奏和吟诵诗歌。

⚜ 城堡 ⚜

如果维京人或邻近王国的人可以随时**攻击你**，最好有一座**城堡**来保护你和你的贵族家庭，对吧?

通常情况下，城堡建在**高地上**，如山丘或岩石上。因此，防御者可以用他们的眼睛观察到整个领土范围，而**攻击**者则更难攻击。跑上坡可不是一个好主意!

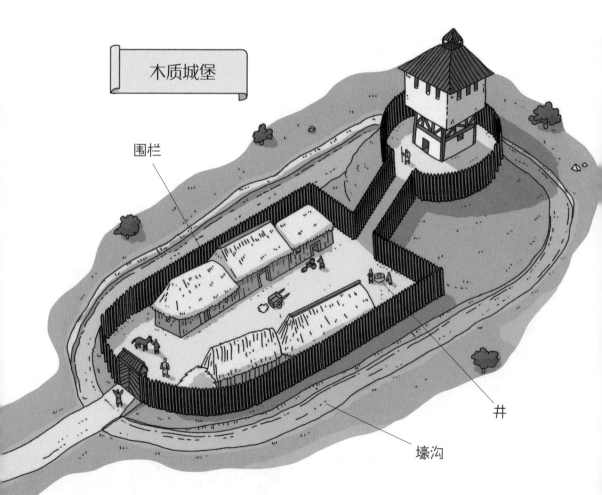

木质城堡

围栏

井

壕沟

在中世纪前期，城堡是用**木头**建造的：首先，将锋利的原木插入地面并添加其他元素（如壕沟）来建成周边。然后，建造塔楼和其他内部建筑物，最后用石膏加固它们。它们很坚固，而且比石头更便宜！

好消息！那里有非常有用的**罗马帝国的堡垒**，所以建筑商回收它们来建造城堡。很划算！

从 12 世纪开始，所有的城堡都开始用大石块**建造**，可以抵抗炮弹的冲击。

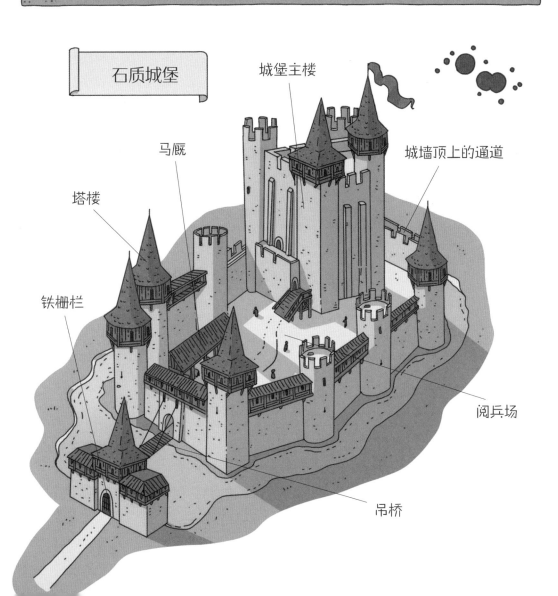

石质城堡

城堡主楼

马厩

城墙顶上的通道

塔楼

铁栅栏

阅兵场

吊桥

神职人员

你 想把你的生命献给**上帝**吗？在这种情况下，神职人员就是你的位置。此外，你会有很多选择，因为教会内部有自己的等级制度，有很多不同的职业。

首先，有两种类型的神职人员：**普通神职人员**，他们属于宗教团体（如修道士和修女），还有**高级神职人员**，他们的生活不那么严格（如神父、主教和红衣主教）。但要小心，因为事情会根据你是属于高级神职人员还是低级神职人员而发生很大变化。

低级神职人员

神父：教区宗教服务的负责人（负责特定地区的信徒群体，可能包括几个村庄）。

修女：她们一生都致力于工作和祈祷，住在隐居地和修道院。

修道士：修道士发誓要贫穷，这意味着他们自愿放弃任何形式的舒适，以这种方式尊敬主。他们在居住的修道院工作，也在社区和街道上帮助邻居。

修道院院长/女修道院院长：修道院（神职人员组成的教学机构）的最高教会官员。

高级教士：分为主教和大主教，主教负责监督神职人员的特定区域，称之为教区，如果它非常重要，则称之为大主教管区。

红衣主教：教皇之下最重要的职位。事实上，红衣主教们组成了教务委员会。

教皇：基督在地球上的最高代表。他是天主教会的最高权威，特别是自尼西亚会议以来，教会决定不再有几个教皇，而是只有一个。

如果你想献上圣礼（做弥撒、施洗、圣餐……），就必须成为一名神父。不是每个人都能代表主说话！

✤ 修道院 ✤

教会的高层总是与权力紧密相连，因此，他们与国王和贵族之间总有很多的**阴谋**。然而，普通神职人员的生活往往平静得多。所以，如果你想**和平**地生活，就没有什么比加入宗教团体和进入修道院更好的了。

谈话室：在这里，修道士们可以安静地说话，因为在其他房间里，他们必须保持沉默，以免打扰他们的同伴。

回廊：这个庭院有一个带顶棚的回廊供散步。在这个中心曾经有一座花园。

暖气房：这个房间在冬天用壁炉加热，很舒适。

小菜园

宿舍：修道士们都睡在同一个房间里。

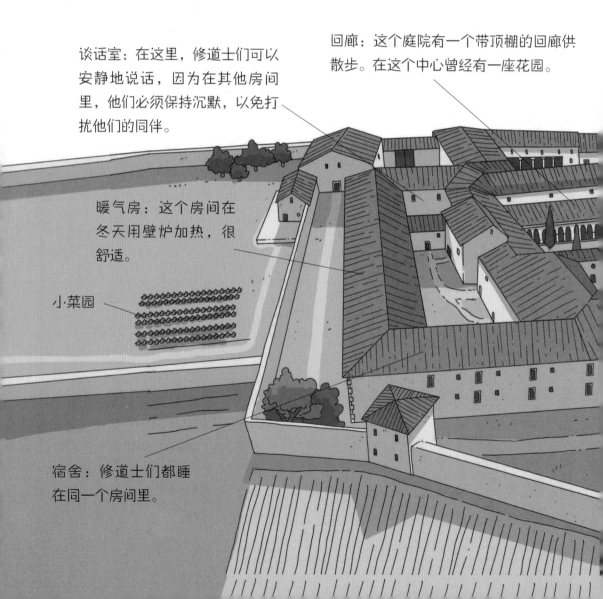

修道院通常远离人口稠密的地区，修道士或修女在教会的统治下生活：**工作不忘祷告**（"祈祷和工作"）。也就是说，他们花一天的时间祈祷（通常是唱歌），照顾他们的土地和动物，并从中获得食物。他们种植用来制作面包或啤酒的谷物，以及水果和蔬菜（包括用来酿造葡萄酒的葡萄树）。这听起来不错，对吧？

他们还致力于手工复制书籍，这是一项艰苦的工作！要了解更多信息，请跳到第 80 页。

教堂：每个修道院都有自己的教堂。

厨房

粮仓：储存谷物和其他食物的地方。

图书馆和缮写室：存放书籍和抄写手稿的地方。这儿是文学的殿堂！

教士会堂：每个人都聚集在这里，由修道院院长分配当天的任务。

🏵 农 民 🏵

你可能不太喜欢做农民或工匠；但是，如果你出生在中世纪，你大概率会住在一个村庄里（纯粹的统计数据）。要注意，生存是**复杂**的！

你首先要知道的是，农民以耕作**土地**为生。他们很早就起床犁地，播种和收割粮食，照顾猪、牛和鸡，出去找柴火。此外，**整个家庭**，男人和女人，包括孩子，都必须工作！

> 这样跟上学比起来，还是上学更好吧？

这意味着他们的生存在很大程度上依赖于**良好的气候**；如果庄稼收成不好，那对整个村庄来说可能是一场**悲剧**！

还有，村民们必须向封建领主和教会**纳税**，以换取他们的保护。对**自由**农民（拥有财产的人）来说，纳税就可以了，但那些**一无所有**的人必须同时缴纳税款和地租。总之，许多人都生活在**贫困**中。

由于金钱并不常见，村民通常用小麦或谷物，甚至动物来支付租金和税款。

当需要罗宾汉时，他在哪里？

吃

由于贵族拿走了大部分食物，农民不得不接受更**简单**的菜单。面包和啤酒在他们的饮食中至关重要，因为它们提供了大量的能量，他们常常搭配奶酪、培根或鸡蛋一起吃。此外，他们经常可以吃到蔬菜和其他水果。

有时，在特殊情况下，他们也**屠宰**动物，在没有冰箱的情况下，通过熏制或盐腌来保存肉。他们能吃到的肉比贵族少，但有些东西是有的！甚至可以狩猎和捕鱼……当然，前提是得到封建领主的**允许**，因为森林和河流也是贵族的。

❧ 工 匠 ❧

　　农村的家庭生活和农场工作都需要有适合其任务的工具，因此，每个村庄都有一些工匠，他们不必从事农耕，而是致力于**制造**工具，主要是为了满足基本需求。

　　因此，陶工制作盘子、杯子和陶罐；铁匠不仅制造日常工具，还为领主的军队制造武器和盔甲；还有制革工人、鞋匠、篮子匠、木匠、金匠，以及非常重要的石匠，石匠获得了建造建筑物所需的石头。

随着时间的推移，工匠们会打造出更好的工具，并对外销售。对农村生活来说，这些都不错！

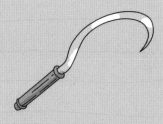

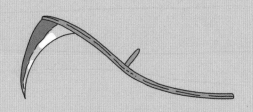

镰刀：它用于收割谷物，但要小心割到手！

巨镰：虽然它的外观相当可怕，但它对于一次性割掉大片的青草和干草非常有用。

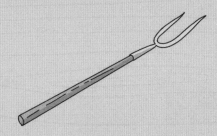

草叉：用来抓取稻草和干草，供牲畜食用。（如果一个贵族乱收税，它也会对贵族造成伤害。）

铲子：它由木头制成，但边缘用铁加固，非常适合在地面上挖洞。

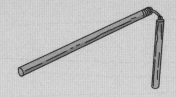

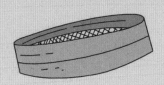

链枷：用它把谷物打出来。很有用……但也很累人！

筛子：用这个工具将谷物与其他草和灌木分开。

危险：注意镰刀

你去地里干活的时候要离同伴远一些，确保安全的距离。不要让镰刀割伤你的脚踝！

❖ 村庄 ❖

农民和工匠过去常常住在**河边**的小村庄，尽可能靠近领主的**城堡**，以便在必要时获得帮助或庇护。要知道，入侵者**时刻都在**！

从中世纪晚期开始，工匠们从村庄搬到了蓬勃发展的城市，所以他们有了更多的客户！

村庄周围是农民的菜园和**果园**：封建领主给他们的农奴土地以换取地租，农奴可以在土地上耕种和建造房屋。不沾手领主就有致富的好方法！

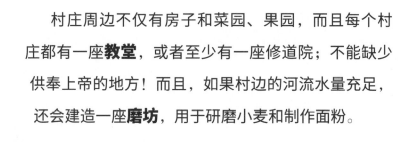

村庄周边不仅有房子和菜园、果园，而且每个村庄都有一座**教堂**，或者至少有一座修道院；不能缺少供奉上帝的地方！而且，如果村边的河流水量充足，还会建造一座**磨坊**，用于研磨小麦和制作面粉。

中世纪的房子

农民的房子是用**木头和石头**建造的，屋顶上覆盖着**稻草**。以前房子很小，不过，如果你是一个自由的村民，并且日子过得很好，你可以给自己建造一座拥有更多房间的房子，这样你就可以过上更舒适、更轻松的生活。

房间：全家人都睡在同一个用稻草做的房间里。他们微薄的财产被存放在木箱里或架子上。

牲畜圈：农民家庭将动物饲养在自己的房子里，以确保它们的安全。同时，他们也不得不忍受难闻的气味！

炉灶：在这里烧火取暖和做饭；当然，家人也在炉灶周围吃饭。尤其是在冬天！

中世纪的女性

一般来说，中世纪的女性获得了与古罗马女性相差无几的权利，但你可能会惊讶地发现：纵观历史，事情**并不总是**随着时间流逝变得更好。事实上，在中世纪，特别是在 10 世纪至 13 世纪，比后来的一些年份（例如，16 世纪至 17 世纪）的女性享有更多的权利。

中世纪女性有**管理财产和参与统治**的权利，正如今天被人们铭记的女王、贵族和宗教人士。确实，在中世纪，对女性就已经有**非常有害**的陈词滥调，尽管如此，仍有少数人能够从事写作或科学工作，**并受到爱戴和尊重**，这表明她们不能如此轻易地被归类。

但是，不要忘记家庭的**局限性**：一个整天工作、照顾家务和抚养孩子的农妇没有像贵族或资产阶级女性那样接受教育和影响世界的**机会**；从这个意义上说，她们的处境与男性农民的情况并没有太大差别。

杜奥达

这位加洛林夫人写了西方世界第一部关于孩子教育的手册。这可不是小事!

萨勒诺的特罗特拉

这位医生写了一篇关于妇女健康的重要论文,其中有如何帮助妇女分娩和关于女性疾病的论述。在那之前,几乎没有人关心这个问题!

圣希尔德加德·冯·宾根

一位有远见的修女,她把自己的一生奉献给了信仰。她学习哲学、音乐、医学……并成为历史上最有影响力的女性之一。

阿基坦的埃莉诺

法国王后,对艺术充满热情。而且,她支持了许多艺术家。除此之外,她还有巨大的政治影响力。

克里斯蒂娜·德·皮桑

伟大的哲学家、诗人和人文主义者。她写了《妇女城》,这是一本反对关于女性的"天然"低劣性观点的书。她被认为是历史上第一位女权作家。

中世纪的旅行

你喜欢旅行吗？好吧，恐怕你不会太喜欢在中世纪时期旅行。此时的道路上充满了**危险**，有野兽、强盗和入侵者，缺乏状况良好的桥梁和道路。此外，也没有很好的交通工具，所以你可以选择买一匹马或一辆马车（两者都是相当**昂贵**的选择），或者……步行。总之，几乎没有人离开过家；更有甚者，他们在**没有离开**过村庄的情况下度过了一生！

> 此外，还有你听起来很熟悉的事情，像现在一样：旅行中要交通行费！

朝圣者

对一些人来说，有充分的理由冒险上路……其中之一就是信仰。**信仰**，以及想要朝拜与信仰有关的地方的愿望，如去朝拜罗马、耶路撒冷和圣地亚哥。

这就是**基督教**朝圣者开始在欧洲各地移动的原因，在必要

的时候穿过罗马帝国留下的废墟。渐渐地，这些路线上到处都是**旅馆**和供人休息的地方，也成为几个世纪以来存在的有限的**文化传播的重要途径**之一。

在整个中世纪晚期，随着道路变得更加安全并建造了**新的通信路线**，一切都有所改善。因此，贸易得以恢复，不仅允许商人和小贩流动，流浪汉、游吟诗人和其他街头艺术家也得以流动。世界再次相互联系！

这只是一个开始。商人重新开始使用**货币**（这种货币不再消失），到了 14 世纪，商业活动愈演愈烈，**延伸**到欧洲以外。出于这个原因，真正的商业船队被创建，通过海洋和巨大的货船，从**东方**带来奢侈品、织物和香料。

太好吃了！

资产阶级的到来

随着中世纪晚期贸易的爆炸式增长，商人和工匠需要一个地方来卖他们的商品。起初出现了松散的**市场**，但很快这些市场发展成为**市镇**。现在有了一个新的世界，就有了远离**封建领主**枷锁的可能性！

于是出现了一个新的社会阶级——**资产阶级**，它会给贵族带来许多的麻烦。从事各种商业活动的资产阶级与只有贵族头衔的人不同：他们有**钱**，这给了他们很大的**权力**，有时比贵族的权力还大。并非一切都由你出生的家庭决定！

上层资产阶级	中等资产阶级	下层资产阶级
大商人和银行家。你会通过巨大的房子和豪华的服装认出他们。	商人、货币兑换商、行业公会会长……他们不是很富有，但他们的生活一点也不差。	行业公会官员、旅店老板、港口工人……他们必须努力工作才能维持生计。

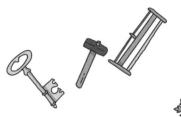

❧ 行业公会 ❧

随着市镇的专业人士越来越多，资产阶级不得不组织起**行业公会**。要知道，联盟势力强大！每个职业都有行业公会：刀匠、车夫、面包师……行业公会的职能主要是保护成员的**利益**不受竞争对手和其他因素的威胁，成员之间也会互相帮助。因此，行业公会有自己的民兵：一支小型军队，如果需要，可以**保卫**城市及他们的生意。

行业公会的结构

大师：作为行业公会领袖，他们必须具备经过验证的技能。只有这样，他们才能拥有自己的工作室。

工匠：这些专业的工人按他们的劳动收取报酬，并在车间里听从大师的命令。

学徒：他们是熟练工，十几岁时就开始学习这门手艺。

一些人通过从事他们的生意变得**非常富有**，他们以巨大的房屋、华丽的聚会和任何显示"我们有很多钱"的东西来炫耀财富。

但这不仅仅是为了**吹牛**（或者，至少不完全是）。几个世纪以来，声望一直与出身高贵和拥有土地有关，贵族就是如此；因此，资产阶级也尽其所能表明他们值得尊重和钦佩，在这样的情况下，他们**把大量金钱**花在买奢侈品上。

在圣吉米尼亚诺（意大利），资产阶级人士竞相比赛谁建造了城市中最高的塔楼，它们就好像是中世纪的摩天大楼一样。

积极的一面是，许多资产阶级人士在**艺术**中看到了获得声望的机会，因此他们成为艺术的**赞助人**，其中包括佛罗伦萨著名的**美第奇家族**，该家族资助了布鲁内莱斯基的圆顶以及后来波提切利的画作和米开朗琪罗的杰作等伟大作品，这些也标志着意大利文艺复兴的开始。

❈ 乞丐和罪犯 ❈

看到城镇中一些人获得的成功后，在 13 世纪和 14 世纪，许多西班牙人**搬到**市镇寻求更好的生活……但并不是每个人都这么幸运。不幸的是，街上到处都是**乞丐**，被遗弃的孩子在小巷里跑来跑去，没有地方居住的家庭**流落街头**。

乞讨成为一种**职业**：乞丐假装自己是盲人或残疾人，以得到更多的施舍，当他们回家后，奇迹般地恢复了健康。这就是他们的世界被称为"**奇迹法庭**"的原因！

中世纪的市镇

有了这么多的活动，市镇很快就**发展起来**。它们接纳了很多人，所以需要更多更大的空间和建筑来容纳它们的居民。但最重要的是，它们需要**安全保障**。这就是为什么市镇往往从入侵时最重要的地方开始建造：城墙！

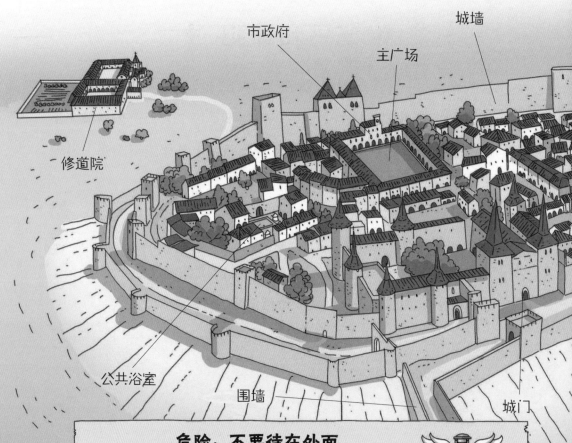

城墙

市政府

主广场

修道院

公共浴室

围墙

城门

危险：不要待在外面

城门在晚上关闭，只有在获得许可的情况下才能通过。你最好不要激怒警卫……否则他们会把你赶出去！

每座中世纪的城市都有城墙和巨大的城门。其中一个目的是防止**敌军**轻易地进入。事实上，城墙的设计使得士兵可以从城垛和箭楼上**发射**箭和炮弹。

但还有另一个目的：防止人们**自由**进入城市，因为对外来人员和商人会收取**通行费**——通常总是和钱有关！

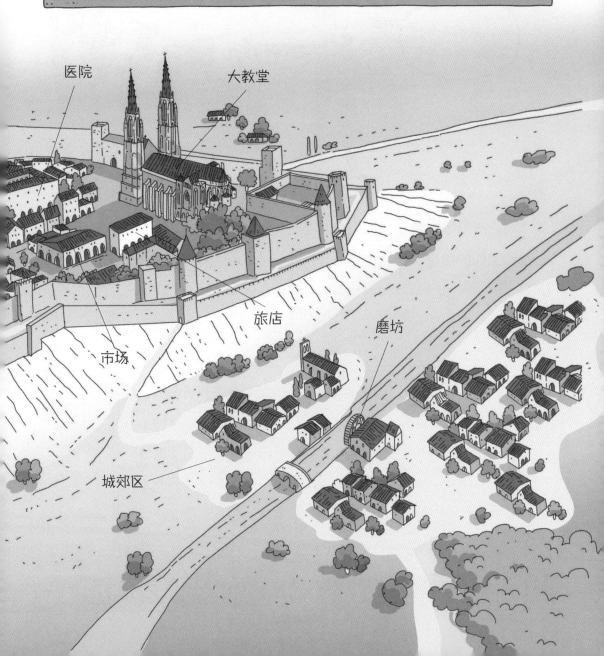

医院

大教堂

旅店

磨坊

市场

城郊区

✤ 你在城里的房子 ✤

很多人都聚集在市镇里，所以**节省空间**是至关重要的。这是怎么做到的？很简单：在家工作。

不，我们不是在谈论远程办公！

资产阶级，特别是那些从事手工业的人，建造了他们可以居住**生活**和**工作**的房屋。

店铺

底层是店铺，可能是**工厂**或商店。大师在那里工作并监督工匠和学徒；在多数情况下，这些人是他们自己的孩子或亲戚，因为这种工**作从父母传给孩子**是正常的，甚至妇女也与家庭其他成员一起工作。一切都留在了行业公会里！

住房

　　他们的住房位于楼上，看起来很像村民的房子，因为**房间里没有**太多东西：只有用来坐和放东西的箱子（他们充分利用了它），一个公用厨房，一个通常由全家人共用的房间，仅此而已。

　　当然，如果你有**钱**的话，情况会好很多。较富有的资产阶级住在**大房子**里，有单独的房间让家人和仆人住，如果有条件的话，有接待室用于商业活动，到处摆满各种各样的艺术品。你知道，这就是**炫耀**！

❧ 购 物 ❧

这座城市的好处是你可以找到**一切**！这里有小资产阶级开的商店。他们的大多数顾客都**看不懂文字**，所以在入口处，他们总是有一个**标志**，上面有与他们所属的行业公会相对应的图案：裁缝的剪刀，木匠的木桶，酒店老板的酒罐子……这样顾客就不可能走错了！

❧ 市 场 ❧

如果你想要的是食物或其他工艺品，就不能错过市场。在那里，**工匠**和**农民**带来的商品在固定摊位上出售。当然，请看好你的包，因为人群中经常有**小偷**！

中世纪集市

你想购买非常**特别**、**豪华**或带有**异国**情调的商品并玩得开心吗？好吧，没有什么比集市更合适了。集市每隔一段时间举行一次，在这座城市里是**一件大事**。没有人想错过它！

小商贩

对村民来说，找到具有特色的物品有点**困难**，但总是可以选择等待一些小商贩**带着**小饰品穿过你的村庄：纺织品、器皿、蕾丝、装饰品……

危险：骗局

小商贩以不诚实而闻名。不要为了一些毫无价值的商品而被拔毛！

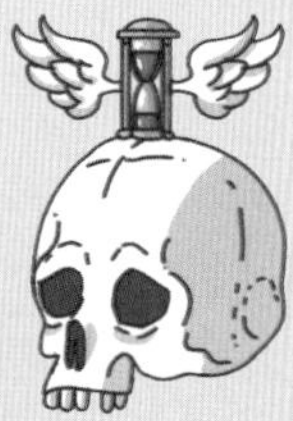

🦂 中世纪的时尚 🦂

等等！你在做什么？随地**方便**吗？如果你认为中世纪是一个臭气熏天的时代……好吧，是的，你是对的；但这并不意味着他们不洗澡！

那时没有自来水，所以他们**尽其所能**来保证干净。有权势的人当然

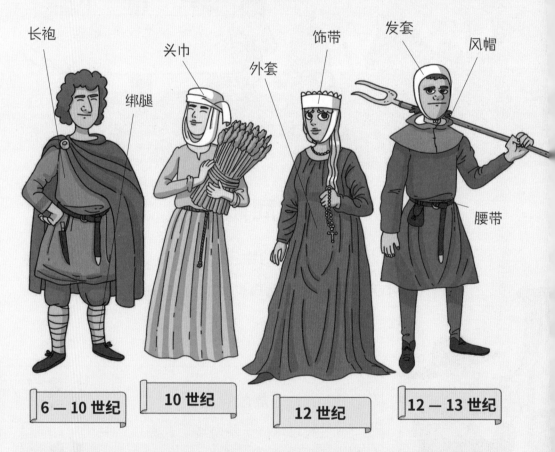

长袍
绑腿
头巾
外套
饰带
发套
风帽
腰带

6 — 10 世纪　　10 世纪　　12 世纪　　12 — 13 世纪

在服饰上，阶级之间的区别是什么？主要是服饰材料的质量。农民和普通百姓用羊毛和亚麻，而贵族和资产阶级则用丝绸等丰富的织

有**浴缸**，但其余的人必须用**盆**来凑合。如果他们连这个都没有，他们就会用湿布擦拭。虽然你可以选择在河里洗澡或自制家庭**桑拿浴室**：在一个封闭的房间里充满蒸汽，然后揉搓自己。（好处是你不会感冒！）

幸运的是，市镇出现了。当城市复兴时，**公共洗浴**文化也得到复兴和发展。现在，为了换取一些硬币，你可以出去做浴刷。

披风　　圆饼头饰　　　　帽子　　　　　　　汉宁帽　　　马甲外衣　　长尾帽

长外套　　　　皮斗篷

紧身裤　　　　　　　　　　　　　　　钱袋

14 世纪

14 — 15 世纪

14 — 15 世纪

14 — 15 世纪

物，装饰很多。无论如何，有很多不同的时尚！

🌿 科学的时刻 🌿

确实，在中世纪的最初几个世纪，科学和文化的发展出现了中断，因为村民们不得不面对**生存**问题，教会也没有给自由思想留下空间。只有修道院保存着知识，但他们与世**隔绝**。

然而，在同一时期，**伊斯兰世界**是科学和哲学的先驱，这要归功于它与印度、中国，以及保存在埃及和拜占庭等地的古希腊和古罗马经典著作的接触。这些知识，特别是与医学有关的知识，后来得以与西方分享。

幸运的是，随着贸易的繁荣，欧洲开始意识到这一点。在 12 世纪，随着大学的出现，天文学、数学、炼金术、力学、物理学和地理学等领域的科学得到了发展。修道院将植物捐献给药房，因为他们知道哪些植物可以用于药理。所有这些都将成为文艺复兴时期和巴洛克时期，尤其是启蒙运动中**科学革命**的基础。

危险：庸医

尽管医学取得了进步，但治疗措施比疾病更糟糕。不要让他们用水蛭治疗你！

智者

塞维利亚的圣伊西多尔:

他写了许多汇编世界知识的书:神学、历史、文学、艺术、法律、语法、宇宙学、自然科学……

拉齐:

他最大的贡献是炼金术的研究,这是现代化学的基础。他依靠医学、天文学和数学来做到这一点。

阿维森纳:

这位波斯人被称为"学者之冠",在当时的所有科学领域都很出色,特别是在哲学和医学方面。

阿威洛依:

他出生于安达卢西亚的科尔多瓦,是一名医生,在法律、数学和天文学方面也有研究。同时,他还是中世纪伟大的哲学家之一。

罗吉尔·培根:

这位方济各会修士一生致力于研究自然,创造了"自然法则"的概念。他还在力学、光学和地理学方面进行了大量研究。

艾尔伯图斯·麦格努斯:

他将希腊和阿拉伯科学引入欧洲大学,是信仰与知识共存的有力倡导者。

奥卡姆的威廉:

逻辑之父。他发明了"奥卡姆剃刀"的概念:在他看来,如果对一个理论有几种同样有效的解释,我们必须选择最简洁的那个。

不错的发明

很明显，在中世纪，尽管环境恶劣，人们还是**会思考如何生活得更好**，又怎么会没有伟大的发明？有些人改变了历史的进程，准备好迎接他们吧！

7 世纪

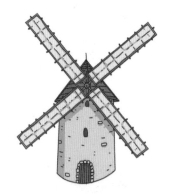

磨坊：是的，罗马人已经使用磨坊了，在中世纪发明了液压磨坊（水磨坊），而且非常重要的是，发明了风车。所以磨盘可以自己动了！

8 世纪

象限仪和星盘：虽然有更基础的版本，但阿拉伯天文学家设计它们是为了让航海家能够测量距离并定位恒星，以便他们可以在公海上定位自己。这真是不可思议的一件事情！

9 世纪

诺曼犁：它可能看起来非常简单粗糙，但这是一场革命。诺曼犁有一个刀片，能够在土地上犁开更深的凹槽，车轮使其

始终保持在同一水平面。这是在农业上取得重大突破的发明之一，人类利用它向战胜饥饿迈出了一大步！

火药：火药发明于中国，由蒙古人传到亚洲和欧洲其他地区。在中世纪，它并没有被广泛使用，但从 15 世纪开始，它代表了一场军事革命：火器时代！

9 世纪

飞扶壁：如果你认为建造金字塔是外星人的事情，那你应该看看哥特式大教堂。他们怎么能建造出这些复杂的结构呢？多亏有飞扶壁，它转移了部分重量，使整个结构可以保持挺立。

12 世纪

你想看哥特式大教堂吗？请看第 88 页！

13 世纪

眼镜：你看不太清楚吗？没关系！眼镜是在 13 世纪发明的。很受视力较低之人欢迎！

14 世纪

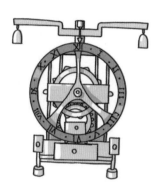

机械钟：由于中世纪的技术，复杂的机械钟出现了，这是历史上第一种可以准确测量时间的工具。再也没有借口迟到了！

15 世纪

印刷机：这可能看起来不那么重要，但印刷机的发明是知识传播的巨大进步，因为可以更快、更便宜地印刷书籍。在此之前，你必须用手抄写所有内容。用手！

中世纪的惩罚

在中世纪，他们的惩罚形式别出心裁……但是有好有坏！哇！是的，他们有**糟糕**的惩罚主意！

治安官、队长和士兵要确保法律得到执行，但如果他们发现你做了一些不应该做的事情，他们会直接把你送到负责**实施惩罚的执行人或刽子手**那里，所以你最好知道有什么法律，不要跳过任何一条！

罚款：统治者的最爱，因为这就是他筹集资金的方式。它通常适用于轻微的罪行，如在不适当的地方狩猎或违反任何条例。

监狱：如果你犯了更严重的罪行，比如，偷税漏税或偷窃，你最终可能会被关进城堡的黑暗地牢或市政厅的地下室。做好挨饿的准备吧！

流放：你犯了重罪，或者他们发现你经常偷东西，好吧，他们会强迫你拿起你的东西，离开城市或者城镇一段时间，甚至永远。如果你未经允许返回，可能会被处决！

这些柱子被称为"正义卷轴"。

公开处刑：这是一种有不同版本的惩罚。有时罪犯被带到广场中间，他们的头部会被套上一个羞辱面具。在其他的时候，他们被绑在城市入口处的一根柱子上，赤身裸体，上面覆盖着蜂蜜和羽毛。无论哪种情况，目的都是让人们嘲笑罪犯。他们做到了！

绞刑：如果案件非常卑劣，例如，谋杀、强奸等，法院可以决定将被定罪者处死。还有什么比在树上或杆子上绑上绳子吊死他更好的方法呢？执行后，他们通常将尸体悬挂起来作为警示，然后将它们肢解，以儆效尤。

斩首：结束罪犯生命的另一种方法是砍下他的头。为此，使用了斧头或非常沉重的钝剑。处决是公开进行的，但示众并没有就此结束！之后，头颅通常暴露在长矛、钩子或正义卷轴上。

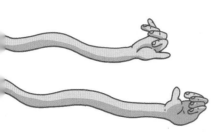

四马分尸：这种惩罚特别残酷，以英格兰国王处决为苏格兰独立而战的威廉·华莱士而闻名。它是如何执行的？他们把他的四肢分别绑在一匹马上，让四匹马各自朝一个方向跑……它们与可怜的威廉一起穿越了三个村庄。

轮刑：这是折磨和处决某人的常见方式之一。他们把囚犯放在地上，用一个沉重的木轮（字面意思）打断他的骨头。然后他们把囚犯的身体缠绕在这个轮子上，将轮子竖立在一根杆子上，以恐吓那些看到他的人。通常，囚犯的身体会被乌鸦等鸟类噬啄。

还有更多与宗教有关的惩罚。请看第 86 页，但不要被怒火烧伤自己！

71

第三章
不要在信仰上犯错误

生活中的宗教

要想在中世纪生存下来，你必须清楚一件事：没有什么比**上帝**更重要了。

宗教（这里是指**基督教**）几乎存在于日常生活的方方面面，是社会的**支柱**。因此，几个世纪以来，直到机械钟出现之前，**时间**都是由每天的祈祷和教堂的钟声来控制的。这个传统一直延续到今天。日历上的节日：圣诞节、复活节……它们都来自基督教传统。

对欧洲人来说，基督教是**唯一真正的宗教**，它的原则是支配人一生的原则。因此，即使中世纪最重要的哲学含义也来自这种信仰，例如，作为上帝的孩子，所有人都是**平等**的（罗马帝国不存在这种观念）。

尽管在实际中并非如此：富人凌驾于穷人之上，男人高于女人，等等。

基督教也鼓励**慈善事业**：出于这个原因，宗教团体建立了许多医院和收容所来照顾和养活饥饿的人。

❖ 基督教会东西方分裂 ❖

在中世纪，人们谈到"**基督教世界**"，是指基督徒居住的土地，没有帝国、王国或封地的划分。这是一个因信仰而**统一**的领土的形象。

然而，这个统一的**日子已经屈指可数**了。在 11 世纪，由于一些分歧，基督教发生了东西方分裂，出现了两个独立的基督教会：西方的**天主教会**（西欧）和东方的**东正教会**（拜占庭帝国）。他们仍然是基督徒，但他们有自己的仪式和想法。基督教世界就此**分裂**了。

信仰的丑陋面孔

基督教有积极的价值观（和平、友亲、爱邻……）。但信仰是一回事，代表信仰的**教会**是另一回事。天主教会是由凡人统治的，无论它多么渴望天堂，都无法摆脱尘世的**阴谋**。

请记住，教会的力量在于人们**相信**他们信仰的宗教。如果不是，人们怎么会服从教会呢？因此，教会一次又一次地重申，只有唯一真正的上帝，只有上帝的标准才有价值。当然……这与其他信仰相**冲突**，甚至在基督教内部也是如此。

> 你是否相信同一位上帝并不重要，任何不尊重教会所确立的一切的观点都被视为异端邪说。

危险：不要成为阿里乌斯派

许多西哥特人是阿里乌斯派，虽然他们是基督徒，但他们不相信三位一体，所以对教会来说，他们是异端！

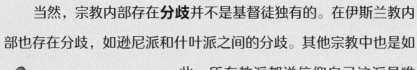

当然，宗教内部存在**分歧**并不是基督徒独有的。在伊斯兰教内部也存在分歧，如逊尼派和什叶派之间的分歧。其他宗教中也是如此。所有教派都说信仰自己这派是唯一的出路！

他们如何处理异端分子？要找出答案，没有比卡特里派更好的例子了。

卡特里派

卡特里派是 11 世纪在法国兴起的一种基督教潮流。他们**相信一切的物质为恶**，拒绝物质世界。当他们开始发展甚至获得封建领主的支持时，天主教会开始**担心**。

首先，教皇尤金三世试图通过派遣数百名传教士**来改变他们**的信仰。最终，在 13 世纪，卡特里派**被消灭**了。教会烧死了他们的俘虏！而且，为了迫害异端分子，创建了**宗教裁判所**。这是一个著名而可怕的机构，几个世纪后仍继续存在。

✠ 十字军东征 ✠

如果认为信仰分歧是一个问题，那么**异教徒**就是另一个问题。他们不再是偏离正道的基督徒：这些人崇拜一个**虚假的神**！

这就是欧洲人对**穆斯林**的看法，正如你所知，穆斯林在地中海周围蔓延，现在威胁着拜占庭帝国。但是，一如既往，问题与其说是信仰，不如说是**权力**。

因此，大约在 1000 年，拜占庭科穆宁王朝的阿莱克修斯一世向教皇乌尔班二世请求**军事帮助**，以对抗塞尔柱帝国。然后他们想出了一个大创意：如果天主教军队利用试图"恢复"圣地的领土的名义，从伊斯兰教徒中**夺回它**怎么样？基督教会将重新获得耶路撒冷！**十字军东征**就这样发生了，成千上万的士兵、骑士、宗教团体和国王参加了军事行动。

军事命令

一些宗教人士拿起**武器**保护前往圣地的朝圣者，但最终在十字军东征中与穆斯林作战。最重要的命令是来自圣殿的命令：你知道**圣殿骑士**吗？他们积累了如此强大的权力，以至于法兰西王国在经济领域对他们十分依赖……国王通过指控他们犯下可怕的罪行并**谴责**他们的领袖来解决这个问题。好主意！

> 有九次十字军东征，但最重要的是前四次。

第一次十字军东征（1096 — 1099 年）

早在 1063 年就有一波**失败**的浪潮，但第一次真正的十字军东征发生在 1096 年。强大的十字军军队成功**征服**了安条克和耶路撒冷，并创建了基督教耶路撒冷王国。

第二次十字军东征（1147 — 1149 年）

他们的目的是从穆斯林手中**夺回**埃德萨，但这是一场灾难，以至于他们**失去了**耶路撒冷！

第三次十字军东征（1189 — 1192 年）

他们的目的是收复耶路撒冷，尽管取得了一些进展，但最后也**没有成功**。

第四次十字军东征（1202 — 1204 年）

最疯狂的一次十字军东征，是想占领埃及，然后从那里继续前往耶路撒冷。但是，拜占庭人和威尼斯人的关系非常糟糕，以至于十字军最终**洗劫**了君士坦丁堡！

❧ 保护遗产 ❧

尽管他们的信仰不同（而且他们经常与异教徒发生斗争），但教会确实是**古典世界**知识的伟大**救世主**之一。在日耳曼民族的袭击中（在这方面，他们确实有点"**野蛮**"），许多希腊和罗马的作品都**丢失**了，所以幸存下来的东西在修道院里得到了小心翼翼的保护。那将是它们几个世纪的**避难所**。

但这些作品每一个都是独特而**脆弱的**。如何保护它们免受时间流逝的影响？给它们拍照？将它们数字化？您可能已经猜到了，这些在中世纪都无法完成，因此人们只剩下一种方法，这种方法不是很快，但非常有效：**手抄**！

欢迎来到缮写室

在缮写室里，修道士们每天花好几个小时**手抄**那些重要的作品，他们根本没有打字机。他们将这些作品写在被称为**抄本**的书籍中，这些古代作品被编纂起来供后人使用。如果没有这项工作，今天我们就不会知道《奥德赛》或柏拉图的作品！

随着时间的推移，修道士们也开始用新作品汇编书籍。而且，在中世纪晚期，开始对其进行"**照明**"。

那是什么意思？ 他们正在接近火场？

不！"照明"就是插图。 他们用美丽的插图填满了书！

修道士们在羊皮纸上书写，即用**羊皮**或者牛皮做的纸，然后把书页缝起来，就形成了**抄本**。当然，由于工作量如此之大，这些抄本**非常昂贵**。我们不得不等待印刷机的出现，从而以可接受的价格获得书籍！

学习

作为古代作品的守护者，教会成员非常清楚古典智慧的**价值**和**危险**。因此，他们将自己承担起向外推广的责任，还有什么**地方**会比这里更好吗？

因此，在查理大帝统治时期（9世纪），教会开设了几所**修道院学校**，教授古典知识。它们分为两类：

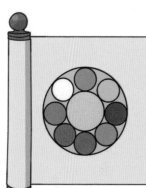

三艺，与语言相关：语法、修辞和逻辑。

四艺，与数学相关：算术、几何、天文学和音乐。

> 但是音乐和数学有什么关系呢？

> 后来，知识终于从修道院中传出，但只针对贵族……没有人关心普通人的受教育问题！

大 学

随着城市的兴起，市政当局加入了教育项目，并与教会一起创建了更大、更重要的学校——**大学**。

第一批大学在 11 世纪前后建成，在博洛尼亚、牛津或萨拉曼卡等城市；我相信，这些地方之所以有很高的**声望**，正是因为它们的大学，因为学费非常昂贵，只有资产阶级或贵族家庭才支付得起孩子的学费。

然而，这些高等教育中心并没有像现在这样运作：学生都是 **14 ~ 16 岁的男性**。他们经常制造巨大的**骚动**，以至于邻居们甚至抱怨他们。**游行**在中世纪就已经存在了！

危险：学生打架

曾经有来自敌对大学的学生群体之间的真正激战。不要拿石头！

神圣的艺术

宗教在中世纪是如此重要，以至于它在生活的各方面都占据着**至高无上**的地位，包括艺术领域！在当时，所有的艺术门类都是为教会服务的，教会为他们提供报酬。画家、雕塑家和石匠（当时的建筑师）努力通过他们的作品来**荣耀上帝**。他们做到了……并以许多不同的方式！

> 最能体现这一点的自然是那些献给信仰的地方：教堂！

✤ 最早的中世纪教堂 ✤

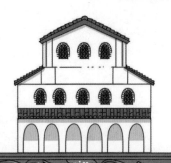

罗马沦陷后建造的第一批教堂仍然遵循了**古典罗马模式**，即长方形教堂。这种模式在拜占庭帝国得以延续。

拱形大教堂：

古典罗马教堂有一个长长的中殿，在末端有一个拱门，拱门下方是祭坛。

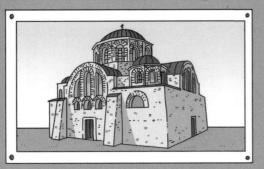

圆顶大教堂：

这是拜占庭帝国教堂的典型风格，顶部有一个拉丁十字架，以纪念耶稣，并且顶部是圆形的。

哥特式教堂：

当西哥特人到达西班牙时，他们建造了属于自己风格的教堂。这些教堂样式很简单，但结合了典型的马蹄形拱门和充满浅浮雕的室内装饰。

但这才刚刚开始！

✤ 罗马式教堂 ✤

随着时间的推移，中世纪社会在不断发展，艺术也不甘落后，人们在建筑领域**尝试**其他类型的设计。直到 11 世纪，建筑出现了新的**艺术风格**，第一种可以被认为是完全欧洲化的风格：**罗马式**。

这种风格最早出现在法国的**克吕尼修道院**，大约建于 10 世纪。在那里，我们可以体会到罗马教堂的一些特点，例如，**厚厚的墙壁**，窗户很少，必须坚固才能支撑**石拱顶**。在未来的岁月里，这些都将是欧洲其他教堂和修道院的共同特征。

并不是所有的元素都是他们自己设计的。许多罗马式的元素以前就已经被使用过了，如圆顶或半圆形拱门。

方石：这是建造罗马式教堂关键的沉重石块的名字；多亏了它们，才有了厚厚的墙壁。

塔：每个罗马式教堂都有一座非常高的塔楼，装饰着许多拱门。如果你不恐高的话，可以上去看看！

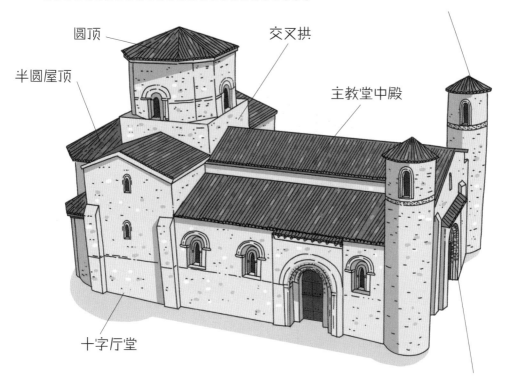

圆顶

交叉拱

半圆屋顶

主教堂中殿

十字厅堂

正面：在正门曾经有高浮雕（从墙上凸出的人物）。虽然浮雕现在只有石头的颜色，但在当时，它们被涂上了醒目的颜色（就像教堂的内墙一样！）。他们向居民展示了《圣经》中的场景；请记住，居民中的大多数人都不识字！

半圆屋顶

十字厅堂

半圆形壁龛

交叉拱

十字形平面图：这种平面图是从罗马式大教堂中保留下来的元素之一。与主教堂中殿相交的横向中殿被称为十字厅堂。

主教堂中殿

侧殿

✤ 哥特式大教堂 ✤

等等，因为这还没有结束。我们还需要了解第二种艺术风格，它诞生于法国中世纪晚期的城市中：**哥特式**。

不，不是哥特服饰！

远离罗马式的黑暗，哥特式风格试图寻求创造充满光明的空间并营造出飞天感，以尽可能地接近上帝，即使它是象征性的。令人印象深刻的**大教堂**就是这样产生的。你知道构建它们的关键吗？

尖顶拱门：这种类型的拱门可以支持大教堂达到更高的高度，因为它的形状可以分散压力，支撑更多的重量。

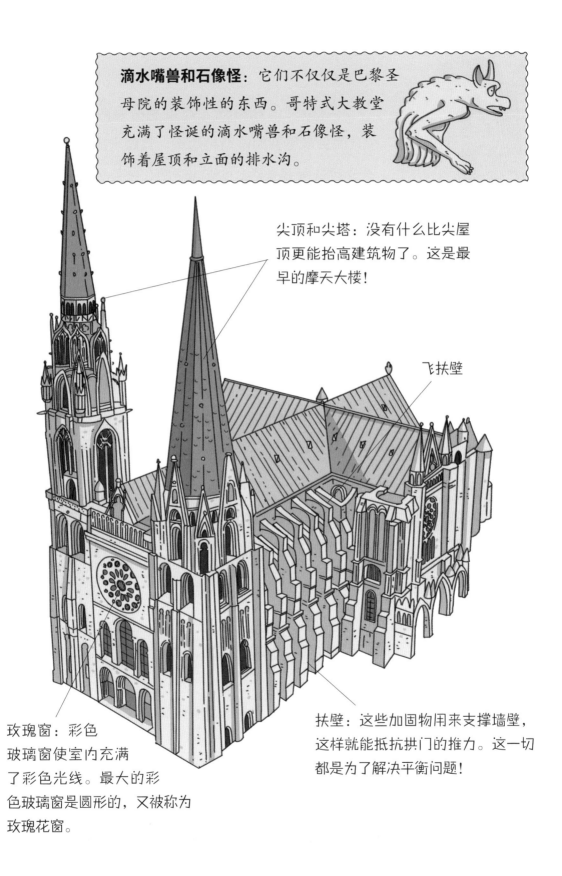

滴水嘴兽和石像怪：它们不仅仅是巴黎圣母院的装饰性的东西。哥特式大教堂充满了怪诞的滴水嘴兽和石像怪，装饰着屋顶和立面的排水沟。

尖顶和尖塔：没有什么比尖屋顶更能抬高建筑物了。这是最早的摩天大楼！

飞扶壁

玫瑰窗：彩色玻璃窗使室内充满了彩色光线。最大的彩色玻璃窗是圆形的，又被称为玫瑰花窗。

扶壁：这些加固物用来支撑墙壁，这样就能抵抗拱门的推力。这一切都是为了解决平衡问题！

如你所见，哥特式大教堂非常庞大，非常复杂，而且最重要的是造价昂贵。建造一座这样的大教堂可能需要**长达100年**的时间，并且有成百上千的人参与：木匠、石匠、玻璃匠、油漆工、铁匠、金匠……另外，他们需要食物、材料、交通甚至住宿。

为什么要建大教堂呢？他们可能会回答你"出于对上帝的爱"，但事实是，大教堂不仅代表了教会的力量，也代表了城市及其居民的**力量**。这是一个值得骄傲的理由！

这很合乎逻辑。大教堂是建筑的**奇迹**；它们制作精良，以至于大多数几乎完好无损地幸存至今（只在世界大战的时候**摧毁**了一些）。多亏了这一点，我们才能够验证建造者当时在建筑、数学、几何甚至天文学方面对**专业知识**的掌握程度。

危险：坠落

如果你要在大教堂做泥瓦匠，最好机灵一些，因为我们谈论的是超过100米高的建筑。一失足，你就完了！

中世纪的绘画和雕塑

雕塑和雕刻

具有宗教主题的罗马式作品缺乏表现力或直接**不切实际**。然而，哥特式雕塑变得很逼真，更具活力，人物甚至被**理想化**了。他们不仅用石头雕刻，还用彩色木材制作宗教形象，装饰方格天花板（天花板横梁）、祭坛和家具。

绘画

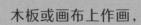

罗马画家用**宗教场景**的**壁画**填满教堂的墙壁，但在哥特时期，艺术家开始用**油画**在木板或画布上作画，如奇马布埃和乔托。在哥特时期，人们对人物和自然的描绘进行了更逼真的表现。最引人注目的是：神圣的主题被取缔了，转而创作世俗的作品，即关于**日常生活**，特别是资产阶级生活的作品。在这种类型的艺术中，**佛兰芒**绘画大师脱颖而出，如罗吉尔·凡·德尔·维登和扬·凡·艾克（后者是你在左侧看到的这幅画的作者）。

第四章

战　斗

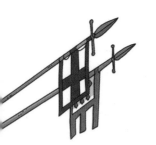

战争时代

战争总是**肮脏、血腥和残酷**的，但在某些时代，比如，在中世纪，战争可以使战斗人员获得荣耀和荣誉。

当然，事情并不总是那么简单。不然，他们可能会对参加**百年战争**（实际上持续了 116 年）的英国和法国说，一切都是为了得到一块土地。还有信仰天主教的君主和博阿迪尔国王，他们在**格拉纳达战争**中战斗了 10 年，直到基督徒最终将穆斯林赶出伊比利亚半岛。更不用说王国内部的战争了，比如，**玫瑰战争**，就是兰开斯特家族和约克家族争夺英格兰的王位的战争。

任何事情都可以成为他们的借口。

现在，请停止想象那些**史诗**般的电影场景、成千上万的士兵。在中世纪，通常没有**野战**，即在开阔的田野上发生的大规模战斗，而是选择围城、突袭和小规模的战斗。

为什么？因为野战是一个巨大的**风险**，因为结果是不可预测的，军队很难实现兵力轮换参战！

✦ 主要的战斗 ✦

普瓦捷会战（732年）：在这场战斗中，查尔斯·马特尔领导的法兰克军队阻止了来自安达卢斯的穆斯林军队的前进。如果没有这次胜利，伊斯兰教将蔓延至整个欧洲！

黑斯廷斯战役（1066年）：忏悔者爱德华国王死后，一些有志者试图从新君主哈罗德手中夺取英格兰的王位，但只有诺曼底公爵威廉成功了。在黑斯廷斯击败英国军队后，诺曼人征服了英格兰。威廉获得了英格兰的王位！

哈丁战役（1187年）：你能想象在峡谷中发生的激烈战斗吗？你应该看过这场战斗，穆斯林在萨拉丁将军的指挥下击败了十字军。耶路撒冷再次处于伊斯兰教的统治之下！

拉斯纳瓦斯·德·托洛萨会战（1212年）：在征服伊比利亚半岛的过程中，卡斯提尔、阿拉贡和纳瓦拉的基督教王国联合起来攻击阿尔莫哈德人，他们做得很好！在这场胜利之后，他们占领了乌贝达和巴埃萨。这是一个世纪后征服科尔多瓦、哈恩和塞维利亚的关键点。

小心，伤害

如果你要去战斗，那么你的武器将主要取决于你所拥有的**金钱**和你的**社会地位**：如果你是一个普通的农民，那你必须随叫随到为你的领主服务；如果你是一个高贵的骑士，那你就会得到不同的装备！

中世纪的武器很残忍，它们的制作成本也**非常昂贵**。

○ **剑**：锻造一把剑非常昂贵，只有职业战士、骑士和贵族才负担得起。它是如此的珍贵，以至于经常由父母传给孩子！代代相传！

○ **斧头**：像西哥特人和维京人这样的北方人喜欢锋利的斧头。

○ **长矛**：战场上的王者，直到枪支到来。步兵过去常常用长矛进行远距离攻击，虽然制造简单，但如果使用得当，它将是致命的。

○ **锤子和战镐**：字面意思是短柄的锤子，常用于骑兵或步兵。它的作用是一招击倒对手，并刺穿他们的盔甲。

○ **钉头锤**：它有很多形状，但基本上是用一块坚硬的金属或一根木棍制成的钝器。

○ **游隼**：它是用一块金属制成的，一边是斧头，另一边是锤子。有一根木杆。它的目的是让步兵把骑兵击落。

○ **长戟**：末端有多块金属（斧头、钩子和刀刃）的木棒。它的作用是使骑士下马并伤害他们。另外，你可以把戟钩钩在他们的盔甲上并试图把他们扔到地上。

○ **钩镰枪**：这个邪恶的开瓶器的功能和戟差不多。

○ **刀**：虽然士兵们随身携带它是为了日常使用，但它可能是一种有效的武器。这是一种特殊设计的刀具，可以在盔甲的空隙之间插入并杀死敌人。

保护自己

我同意，在战斗中，你很可能会失去一些帮手……但你也会得到一些帮助！一个厉害的对手可能会**让你晕倒，扯掉你的一只胳膊**，甚至把你送到**另一个地方**，所以你要保护好自己！

盾牌：通常是木质的，并用金属加固边缘，中间凸起的地方被称为壳顶。当敌人的武器击中你时，它会使敌人的武器滑动。多么聪明！

头盔：在中世纪，如果你摔倒在地上，你就死定了。这就是为什么你必须保护自己的头部免于在跌倒时和从高处坠落而受伤。最好的选择：戴头盔！

夹克：这种带衬里的衔缝夹克可以保护你的身体免受伤害，有点像防弹背心。通常穿在盔甲下，或者直接作为盔甲。

锁子甲：由数千个钢环组成，可抵抗任何切割；不过，你应该在里面加一件夹克，否则它会刺穿你的皮肤！

板甲：这是一件带有铆接金属板的皮革背心。听起来很不舒服，但不要害怕，它里面是针织物或天鹅绒的衬里。

完整的盔甲

尽管有这些保护，但在 12 世纪前后，战袍发生了一场改变，出现了**完整的盔甲**。当然，它们是为骑士量身定做的，而且非常昂贵。但不要被它笨重的外观所**迷惑**：尽管盔甲很重，但通常来说，一名盔甲战士可以随意奔跑、跳跃、爬楼梯、骑马和做出各种动作。

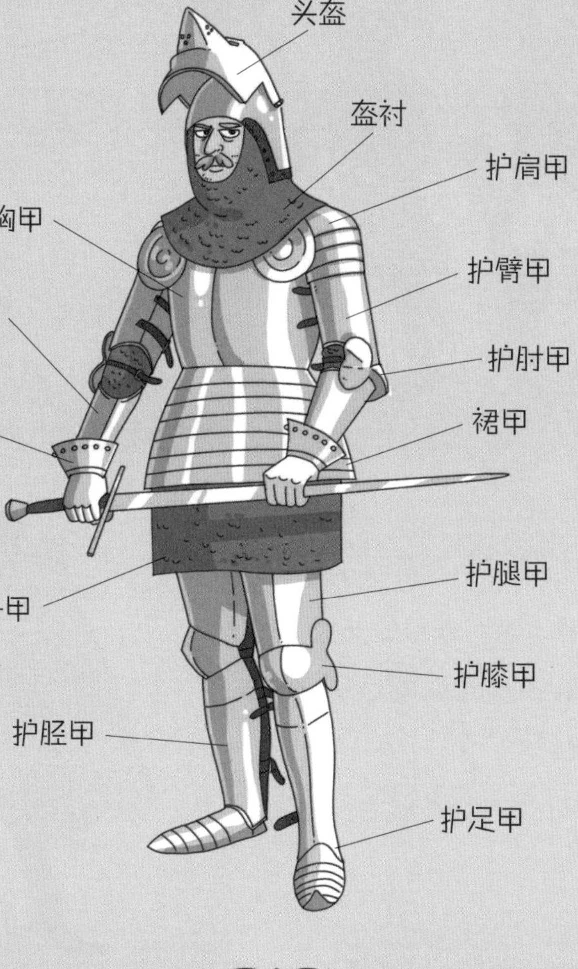
头盔
盔衬
护肩甲
护胸甲
护臂甲
护腕甲
护肘甲
护手甲
裙甲
锁子甲
护腿甲
护膝甲
护胫甲
护足甲

❧ 远程战争 ❧

当发生一场多人混战，互相用长矛投掷和用马**踩踏**人的战斗时，这会让你想袖手旁观，对吧？幸运的是，你还可以设计一些用于**远距离**攻击的武器来帮助你的部队。

> 你在远程攻击吗？懦夫！

弓：几千年来，这是远程攻击的完美发明。弓由木头和绳索制成，可以在很远的距离射箭并伤害对手。更重要的是：如果尖端设计精良，它甚至能够射穿锁子甲。

弩：我们知道它是在中国发明的，不晚于公元前 300 年。但在欧洲，我们是在 10 世纪才知道的。它的优点是你可以装上一个箭篓，并在需要的时候射击。此外，它具有毁灭性的力量，因为它可以穿透盔甲。

 第一批枪支

火箭：火药大约在 13 世纪从中国传到欧洲，最初用于制造火箭。但不只是直接投向敌人，它们的作用甚至存在于心理层面，因为只要听说它们就可能吓退很多对手。

> 很明显，中世纪的军事在很大程度上归功于中国的发明家！

雷霆弩：尽管它的名字听起来寓意很好，但它与宙斯或朱庇特神没有任何关系。这是最早的便携式火器：一根棍子末端装有小火炮，可以发射石头。它不是很实用，而且会发出很大的噪声。

猎枪和霰弹枪：第一批真正有效的便携式枪支，早在 15 世纪末就出现了。由于它的成功，弩最终被淘汰了。

马

在战斗中很难找到一个"舒适"的地方，但确实有一个位置，你不用走路，**会好受**一点，那就是骑在**马**背上。

但是，请注意，不是每个人都**负担得起**：你需要至少两匹马（一匹备用的），除了喂养它们，照顾它们，给它们买护具，还要**不断**地训练它们在战斗中的技能。这还不包括侍童和随从，你会感激他们的帮助。因此，骑士通常都是口袋里**装满**了钱的贵族。

骑士

骑乘马

战马

侍童

随从

轻骑兵

在中世纪早期，轻骑兵作战是非常有效的，因为他们利用了**速度**。轻骑兵穿着很少的盔甲和使用容易携带的武器，他们可以攻击步兵，并对步兵造成很大的伤害，然后快速离开。**阿拉伯**军队是这些战术的专家，并使用箭和标枪等投掷武器来**扰乱**敌人。他们速度太快了，敌人很难赶上他们！

重骑兵

随着中世纪的发展，重装骑兵开始流行起来，骑士们受到高度保护，并使用长矛**攻击**他们遇到的任何阻拦。他们的任务是用长矛和长枪强行**突破**步兵的防线。如果他们能让士兵们害怕并逃跑，战斗就赢了。

建议

如果你是一名步兵，击败了一名骑士，不要杀他。把他绑起来，索要赎金，他们肯定会付钱给你！

问题：敌人躲在他的城堡里，不想离开。我们该怎么办？围攻他！

投石机：用这种武器可以投掷各种各样的炮弹，如投掷石头或可引起火灾的燃烧物品，甚至用死去的动物来传播疾病。

投石器：它比投石机更容易制作和运输，但射程短。它的工作原理是把绳子拉紧，就像一张巨大的弓！

大炮：有不同的尺寸，但它们的作用或多或少都是一样的——先装上火药和石头或铁弹，点燃，然后发射！

E一门艺术

如果你要保卫一座被围困的城堡怎么办？糟糕的事情，但深呼吸，关键在于建筑！

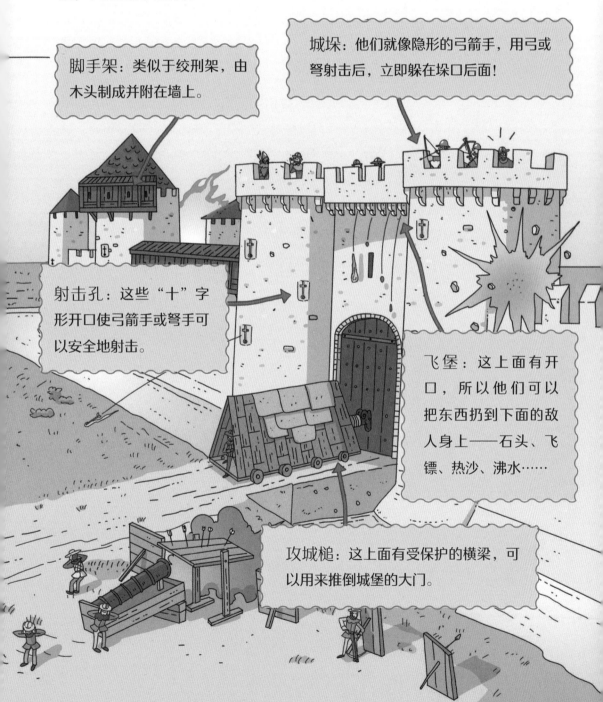

脚手架：类似于绞刑架，由木头制成并附在墙上。

城垛：他们就像隐形的弓箭手，用弓或弩射击后，立即躲在垛口后面！

射击孔：这些"十"字形开口使弓箭手或弩手可以安全地射击。

飞堡：这上面有开口，所以他们可以把东西扔到下面的敌人身上——石头、飞镖、热沙、沸水……

攻城槌：这上面有受保护的横梁，可以用来推倒城堡的大门。

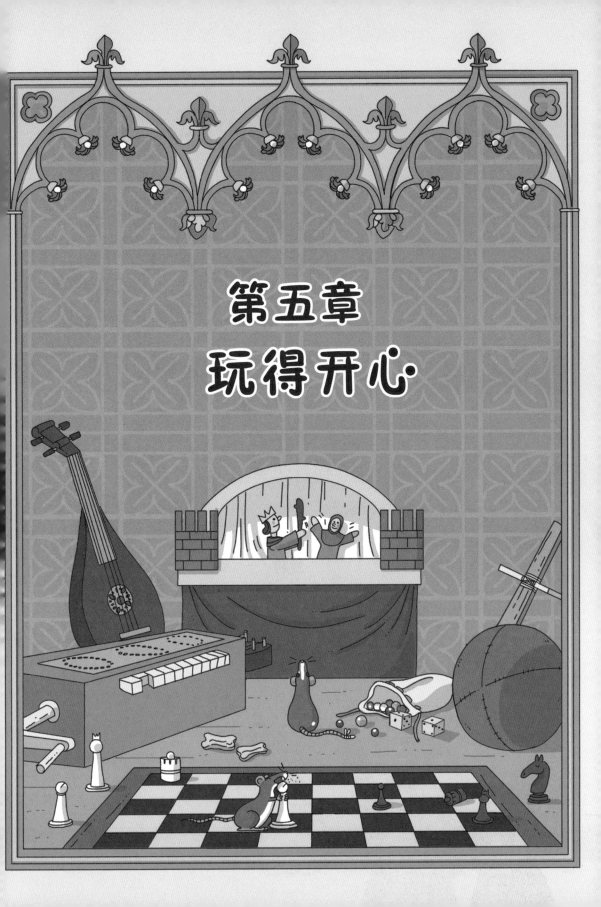

第五章
玩得开心

❧ 中世纪的节日 ❧

战争和工作要从早忙到晚，累了是吧？别担心，因为在中世纪，人们也知道如何享受！不同的城镇有不同的庆祝活动，所以他们可以休息并度过一段美好的时光。

节日习俗

这些节日与上帝无关，但很有趣！

国王来了！当君主到达一座城市时，当地居民通常会为他举办聚会，包括公共宴会和各种娱乐活动。全城欢呼雀跃！

守护神节：就像今天一样，一座城市或一个社区的居民为了纪念相应的圣人而庆祝节日。

胜利：当有军事胜利时，人们会举行庆祝活动，向掌权的贵族和击溃敌人后凯旋的军队致敬。他们是英雄！

学生聚会：是的，你没看错。在新学年开始的时候，大学城会举办非常疯狂的聚会。不过，要小心学生出事！

108

这些节日与上帝有关。对信徒来说，没有什么比这更棒的了！

宗教节日

圣诞节：传统节日。耶稣基督的诞生早在 4 世纪就被庆祝了，当时基督教成为罗马的官方宗教，所以没有中世纪的人会错过这个与家人在一起并互相赠送礼物的机会！

狂欢节：在狂欢节之后，大斋节就要开始了，在圣周之前的一段时间里，人们不能做某些事情，比如，吃肉……所以在狂欢节上，人们利用这个机会放纵自己，大吃大喝和狂欢。

圣周：在这些日子里，人们举行游行活动以纪念耶稣的死亡和复活。从 15 世纪开始，为宗教里的大人物举办的游行活动变得流行起来，这一传统今天在西班牙或意大利等国家仍然存在。

圣体节：在这个节日里，人们吃圣餐。也就是说，根据《圣经》的记载，吃面包和喝葡萄酒以纪念耶稣基督。主要的参与者是行业公会、兄弟会和其他举行游行的民间协会。

🎵 一起玩吧 🎵

今天没有聚会吗？没关系！在中世纪，你可以做**很多**事情来消磨时间……不过，如果你不想被你的父亲或你的工作室**责骂**，你最好不要有任何未完成的工作。

🔱 球类游戏

没有什么比球更适合**在户外**玩了，中世纪有类似于足球或手球的游戏。你看，中世纪球的样式和今天没有太大区别！不过，这些球大多是用装满干草的皮革制成的。

危险：球会砸到你

球是如此硬，被球砸到你会很疼。如果有人在你附近玩球，请注意他们向哪里投掷！

🔱 色子

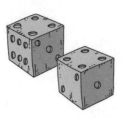

这种**色子**游戏在古罗马已经非常流行。人们过去常常用金钱下注，因此，正如你可能怀疑的那样，各种各样的**打架和抢劫**都会因此发生。这不是最安全的消遣！

🦋 纸牌

对纸牌游戏的热爱不仅仅在你去度假的小镇。我们知道它们来自**中东**，大约在 14 世纪传到欧洲。有许多类型的纸牌，每个地方都有自己最喜欢的游戏规则。因为会引发太多的打斗，他们经常试图禁止纸牌游戏，很明显，都**失败**了！

🦋 国际象棋

中世纪有一种著名的游戏，那就是国际象棋。它起源于亚洲，但通过伊比利亚半岛的伊斯兰国家传入欧洲，并迅速传播。毕竟，这是一款模拟**双方**战斗的**策略**游戏。在中世纪，人们喜欢战争！

事实上，他们非常喜欢战斗，以至于为了好玩而进行虚构的战斗。听喇叭说！

有战斗冲动的读者们，请转到第 112 页，谢谢！

战争游戏

在中世纪，人们对战争有一定的迷恋，人们**喜欢**观看**现场战斗**。因此，在城市的中心广场上，为贵族、骑士和士兵提供了舞台和空间，以展示他们在**武器**演习方面的技能。

武器演习

骑士们在公众面前进行**技能**测试。其中最著名的是所谓"跑马刺环"，骑士必须用长矛刺穿悬挂在杆子上的圆环。还有另一种方式，骑士必须将固定的人体靶子击倒，而且这并不像看起来那么简单！

还有**团队**战争游戏，在这个游戏中，成群的士兵用长矛的形式向对方投掷原则上无害的未磨尖的棍棒来模拟战斗。

比武大赛

最令人兴奋的是比武大赛。它包括骑士之间壮观的**战斗**，骑士们骑在马上，装备全套盔甲。他们用钝矛，也就是没有尖的矛**互相攻击**，目的是击落对手。第一个**从马上摔下来**的人就输了！

还有一种步行模式，包括**肉搏战**，使用没有尖端或不锋利的武器……这看起来可能并不危险，但也会给他们造成**巨大**的打击，因为不止一个人会被击倒。

实战

有时，这些战斗是用**真正的**武器进行的，要么是为了捍卫骑士的荣誉，要么是为了获得女士的青睐。战斗获得的荣誉或奖项可能非常**令人满意**……但在战斗中受重伤或直接**死亡**的风险会成倍地增加。

危险：只是为了爱

在进入角逐之前仔细考虑一下，也许用一束鲜花，你就可以征服你的爱人……这样你就不会拿你的身体来冒险了！

与动物一起娱乐

在中世纪，人们非常喜欢与动物打交道，当然，他们也把动物作为娱乐活动的一部分，虽然有时不是以**很好**的方式。

狩猎：狩猎在某种程度上与战争相似，因此，国王和贵族喜欢组织大型的狩猎活动。活动当天，有马、狗等动物参加，当然要带上仆人。这应该是一种勇敢的展示！普通人也会去乡下度过一天，顺便打猎，但这更多的是为了免于饥饿。他们的勇气离他们的胃有点近！

猎鹰：训练猛禽，甚至用它打猎，是贵族中另一项非常受欢迎的活动。它是由日耳曼人传入中欧和南欧的。日耳曼人喜欢训练较小的鸟类，如燕鸥，但阿拉伯人引入了猎鹰，并加入了一些创新，其中一种是把头罩戴在鸟身上，这样当他们把它从笼子里拿出来时，它就不会受到惊吓。

危险：小心被啄

你最好小心并善待你的鸟。否则，它可能会把你啄瞎！

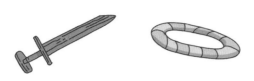 

儿童游戏

和大人一样，中世纪的孩子们也喜欢动物。在房子里，不时有狗和猫打闹，尽管最受孩子们欢迎的**宠物**是**鸟类**。他们经常先把鸟类绑在一根绳子上，这样它们就不会乱跑，然后把它们牵出来，就好像它们是狗一样！

中世纪玩具

除此之外，孩子们还有玩具。当然，只有贵族或上层阶级的孩子拥有**精致**的玩具，而其他阶层的孩子则只能满足于自己制作玩具（当然，它并不总是那么好）。有铰接式木质娃娃、球、木质人物、玩具剑、陀螺和戒指。

毫无疑问，最受欢迎的是一套**用于组织角逐的玩具**。你没看错！它由一只木质的马（实际上是用一个雕刻而成的马头钉在一根棍子上，放在两腿之间）和一支长矛（矛的尖端有一个机关）组成。它是 1360 年圣诞节最受欢迎的礼物！

演艺世界

如 果你喜欢看**表演**，别担心，中世纪为你提供了娱乐！每隔一段时间，一群巡回演出的**艺术家**就会经过你的城市：魔术师、杂技演员、刀具投掷演员、走钢丝演员、杂技演员、驯兽师……你不会感到**无聊的**！

流浪艺人

最受欢迎的人物之一是流浪艺人。他们拿着**乐器**从一个城镇到另一个城镇，唱着**关于各种主题的歌曲**：他们可能会和当地的资产阶级混在一起，赞美流行饮品葡萄酒，但他们也会谈论辛辣的话题，或者背诵流行诗词和演唱宗教歌曲。也就是说，他们会谈论任何事情！

难道说他们是……中世纪的说唱歌手？

在中世纪，没有收音机，没有唱片，没有社交网络，而且大多数人都是**文盲**。因此，流浪艺人扮演了一个非常重要的角色：不仅要为人们带来音乐，还要让他们了解世界上正在发生的事情，以及后来成为**传奇**的故事。史诗歌曲就是这样产生的。

英雄史诗

英雄史诗讲述了中世纪英雄们的**事迹**。有那么多人喜欢战争故事，他们怎么能唱别的东西呢？神话般的战斗，令人难忘的决斗……当然，并不是所有的故事都是**真的**，但那是最不重要的。

流浪艺人凭**记忆**讲述这些故事，所以大多数故事都没有流传到今天。但有些故事非常有名，以至于被写下来，例如，《**熙德**》（关于著名的熙德）、《**罗兰之歌**》（关于查理大帝）或《**十字军循环**》（关于十字军在耶路撒冷的功绩）等史诗就是这种情况。你听起来怎么样？

❦ 吟游诗人 ❦

别搞错了！吟游诗人和流浪艺人**不**一样。虽然吟游诗人以他们的艺术作品作为生计，但他们并不总是靠此为生。他们中的大部分人是**贵族**，偶尔也会为国王和其他贵族展示他们的抒情和音乐艺术，更不会放弃宫廷的精致生活。

宫廷诗歌：宫廷爱情

确实，吟游诗人被认为比流浪艺人更厉害：他们通常自己创作作品，而且这些作品通常更**精致**更有内涵，因为他们的观众也是如此。但这并不意味着他们没有触及宗教、流行甚至讽刺的主题。

中世纪晚期，在他们关于爱情的作品中，这种精致达到了顶峰，因为这不是正常的爱情！这种所谓"**宫廷爱情**"，讲的是一种非常复杂的爱情关系：它几乎是封建领主与仆人间的**奴役**关系，因为吟游诗人宣称自己是这位女士的"仆人"，并以**夸张**的方式理想化这位女士，所以他必须遵循这一系列非常复杂的"仪式"来表达自己的爱。简而言之：纯粹的**爱**。

你那深情凝视的眸子是炽热的，让我无所遁形……

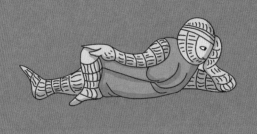

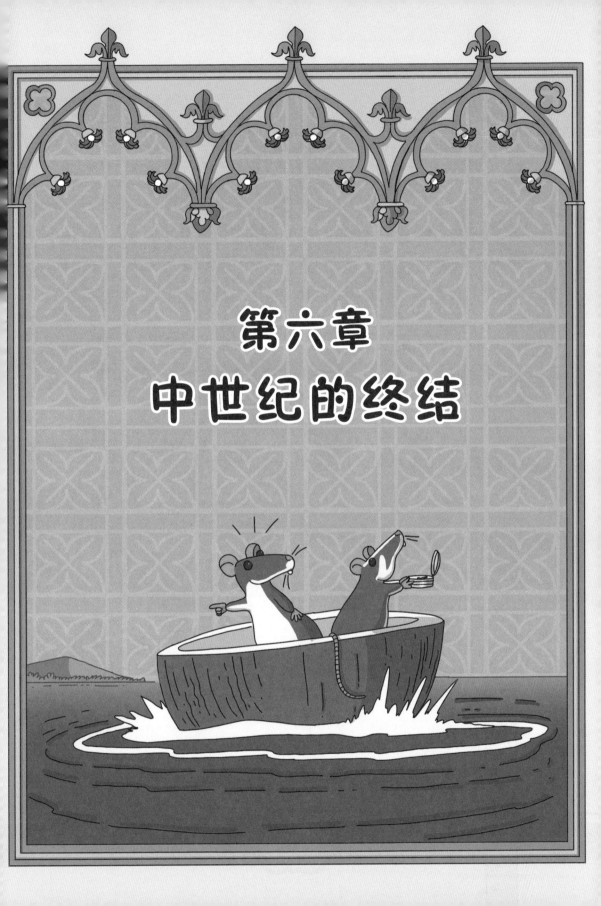

第六章
中世纪的终结

现代的到来

正如你所看到的，在整个中世纪，欧洲和中东经历了很多**变化**；如此多的改变，以至于在特定时刻，我们显然处于一个完全**不同**的阶段。这个新时代被称为**现代**，它持续了约 300 年，比中世纪短得多！

但是，我们如何划分时代与时代的**界限**呢？众所周知，历史变化往往是**循序渐进**的，在中世纪的最后几年可以找到现代性的元素，就像我们可以在现代开始时找到中世纪的元素一样。但是，我们用**三个重要的里程碑**来标志中世纪的结束。你能想到是哪些吗？

1453

君士坦丁堡的陷落：奥斯曼土耳其军队多年来一直在追捕拜占庭人，围攻他们的首都，最后用大炮摧毁了他们的城墙。1453 年，东罗马帝国灭亡，奥斯曼帝国占领了其领土，给伊斯兰教的扩张带来了新的动力。

1464

意大利四重奏：在1350年至1464年期间，意大利经历了一系列文化、哲学和艺术改革，我们可以将其视为文艺复兴时期的第一阶段。通过对古典文学和艺术作品的深入研究，文艺复兴时期的艺术家和思想家对希腊和罗马产生了钦佩之情，这是最终改变社会的原因之一。

1492

哥伦布到达美洲：1492年，由克里斯托弗·哥伦布指挥、卡斯蒂利亚女王资助的远征队到达了欧洲人未知的土地。他们在寻找一条通往亚洲的新路线，但结果他们发现了整个新大陆，后来将其命名为美洲。突然间，人们发现世界比想象的要大得多……太让人震惊了！

🌿 中世纪的遗产 🌿

自 15 世纪以来，世界发生了很大的变化，但很明显，中世纪在欧洲和中东留下了非常深刻的**印记**，这种印记今天仍然**存在**。

当然，在这么多的流行病、战争和不公正中，你很难**生存**下来，但恭喜你！你还活着，我敢肯定，现在，当你环顾四周时，你完全认识到中世纪给我们留下了什么，不是吗?

在今天的欧洲，我们所知道的许多**国家**在中世纪已出现或开始形成自己的王国，尽管许多国家后来成为共和国（如法国）。

市镇及其机构，如市政厅，继续发展壮大，直到成为我们今天所知的**城镇**。

在中世纪，**天主教会**成立，并在欧洲有着很大的权力，在今天天主教仍然是该地区最普遍的信仰。然而，天主教也面临许多挑战，因为其他教派（新教或英国国教）的出现，将使基督教再次分裂。

由于修道士们的工作，**古典文化的知识**一直流传到今天。如果没有他们的辛勤工作，我们将对古希腊和古罗马一无所知！

今天庆祝的许多**宗教和民间节日**都起源于中世纪。

中世纪的**发明**不仅代表了当时的一场革命，如印刷机和钟表，还促进了更复杂机器的发展。其他艺术领域，如建筑，也取得了巨大的进步。这是科技的时代！

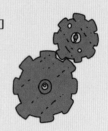

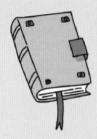流浪艺人和吟游诗人传播的中世纪**文学**，不仅让我们更好地了解我们来自哪里，而且给我们留下了非常美好的作品。这是一种**艺术**！在中世纪，欧洲艺术风格被发展起来：罗马式和哥特式。

恭喜你，
幸存者！

既然你已经知道了在这个世纪生存的所有技巧，那么没有任何**危险**会阻止你！做几个祷告，调整你的锁子甲，准备好面对历史上最大的挑战吧。**中世纪在等着你**！

你想了解更多的时代吗？
该系列还有：

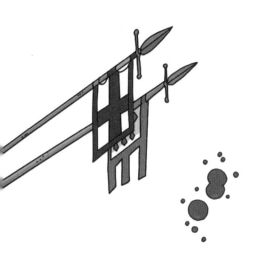